KONSUMTROTTEL

Mehr Bäume.
Weniger CO_2.
www.cpibooks.de/klimaneutral

MIX
Papier aus verantwortungsvollen Quellen
FSC www.fsc.org
FSC® C083411

Sepp Eisenriegler:
Konsumtrottel

www.edition-a.at

Redaktion: Greta Sparer
Cover: JaeHee Lee
Gestaltung: Peter Chalupnik
Fotos: Julia Dvorin, Lukas Beck, Gettyimages

Gesetzt in der Premiera
Gedruckt in Europa

1 2 3 4 5 – 19 18 17 16

ISBN 978-3-99001-183-6

Hinweis:
Aus Gründen der Übersichtlichkeit und Lesbarkeit, wurde beim Verfassen des vorliegenden Buches auf geschlechtsneutrale Formulierungen verzichtet. Sofern es aus dem Kontext nicht anders hervorgeht, sind stets Frauen sowie Männer gleichermaßen gemeint und angesprochen.

SEPP EISENRIEGLER

KONSUMTROTTEL

Wie uns die Elektro-Multis abzocken
und wie wir uns wehren

edition a

Inhalt

Warum ich über Waschmaschinen schreibe

Manche Probleme werden nie gelöst, weil sie so kompliziert zu erklären sind. Diese Erfahrung machen Politiker, die mit neuen Ideen gegen das Bestehende antreten, Nichtregierungsorganisationen, die Ungerechtigkeiten im sozialen Gefüge dieser Welt beseitigen wollen, und manchmal wir alle, wenn wir uns die Haare raufen, weil wir uns in unseren Beziehungen nicht richtig verständlich machen können.

Eines dieser Probleme ist, dass uns multinationale Hersteller von Elektrogeräten für dumm verkaufen. Dies etwa, indem sie uns in der Werbung Halbwahrheiten und Lügen erzählen oder ihre Produkte absichtlich so bauen, dass sie zu dem von ihnen gewünschten Zeitpunkt kaputtgehen und nicht mehr reparierbar sind.

Wir Europäerinnen und Europäer sind gebildet. Wir interessieren uns für Kunst, Kultur und die großen Fragen des Lebens. Aber wenn es um Technik geht, winken wir gerne ab. »Damit kenne ich mich nicht aus«, sagen wir, und implizieren, dass wir uns gar nicht auskennen wollen. Dieses Feld überlassen wir lieber anderen. Und wenn einer damit anfängt, hören wir gerne weg und nehmen es im Zweifelsfall eher hin, beim Kauf technischer Geräte ein bisschen abgezockt zu werden. So schlimm wird es schon nicht sein, denken wir, sonst hätte bestimmt schon jemand etwas dagegen unternommen.

Wer wie ich fast zwanzig Jahre lang hinter die Kulissen dieser Konzerne blickt, indem er mit einem *Reparatur- und Servicezentrum* ihre Produkte zerlegt und sich mit deren Innenleben befasst, lernt zwangsläufig die meisten der miesen Tricks kennen, mit denen sie arbeiten. Mit der Zeit wächst der Ärger. Denn doch – es ist so schlimm.

Die Konzerne kommen nur deshalb mit ihren Tricks durch, weil wir sie damit durchkommen lassen. Das ärgert mich noch mehr als ihre Lügen. Deshalb habe ich dieses Buch geschrieben, und ich habe mir etwas Simples überlegt, um nicht an den Abwehrreflexen in Sachen Technik zu scheitern: Ich schreibe vor allem über Waschmaschinen.

Es geht mir nicht um eine komplette Liste aller bewusst eingebauten Sollbruchstellen und ihrer technischen Hintergründe, um eine umfassende Darstellung aller Ausnahmeregelungen, die fast jede Werksgarantie als Lüge entlarven, oder um einen Überblick über alle vermeintlichen technischen Innovationen, die in Wirklichkeit nur leere Werbeansagen sind. Vielmehr werde ich zeigen, wie das System der Abzocke funktioniert, wie uns die Elektro-Multis als Konsumtrottel ständig an der Umsatzleine führen, und wie wir es in Zukunft besser machen können.

Ich werde dies alles anhand von Beispielen zeigen, die ich als Leiter eines *Reparatur- und Servicezentrums* für Elektrogeräte selbst erlebt habe. Ich werde unter den vielen dieser Beispiele jene auswählen, die wir alle aus unserem eigenen Leben kennen, und ich werde mich auf Geräte konzentrieren, deren

Technik einfach nachvollziehbar ist. Deshalb wird es im Folgenden gelegentlich um Fernseher, Handys, Staubsauger, Geschirrspüler, Handrührgeräte oder Laptops gehen – vor allem aber um Waschmaschinen.

Ich weiß nicht, ob ich Ihnen jetzt »viel Spaß beim Lesen« wünschen soll. Denn ich bin mir sicher, dass Sie sich an vielen Stellen ärgern werden, darüber, was diese Konzerne treiben, und darüber, dass Sie bisher darauf hereingefallen sind. Ich könnte Ihnen »viel Spaß in Ihrem neuen Leben als intelligenter Konsument« wünschen, aber das müsste wohl eher am Ende des Buches stehen. Deshalb versuche ich es so: Die Konzerne haben uns lange genug verarscht. Fangen wir an.

Sepp Eisenriegler, Juli 2016

P.S.: Ein bisschen von der Angst vor Technik abzulegen, kann auch nicht schaden. Denn sie ist eines der Dinge, mit denen die Elektro-Multis kalkulieren.

Warten auf den Kundendienst

Meine Frau war mit unseren beiden Söhnen einkaufen gegangen. Ich hatte am Balkon gerade eine geraucht und wollte mir ein feuchtes Tuch holen, weil der Wind die Asche aus dem Aschenbecher geweht hatte. Als ich in die Küche trat, stand ich mit meinen Korkschlapfen im Wasser und meine Socken waren im gleichen Moment bis zum Knöchel nass. Ich sah zum Geschirrspüler, von wo ich es plätschern hörte. Er lief gerade im letzten Waschgang und von der Oberkante der Tür stürzte ein kleiner Wasserfall herab.

Ich eilte ins Stiegenhaus, wo sich hinter einem Metalltürchen neben dem Eingang der Hauptwasserhahn befand, und drehte ihn ab. Ich konnte nur hoffen, dass die Sache ohne gelbe Flecken an der Decke des Mieters unter uns ausgehen würde. Anschließend legte ich die Küche mit Eimer und Wischmopp trocken und ging zu dem Elektrohändler in unserer Nähe, an dessen Laden ich auf dem Weg zur Arbeit immer vorbeikam. »Ich wäre dankbar, wenn Sie sich das bald ansehen könnten«, sagte ich zu dem Lehrling, den ich dort vorfand.

Der junge Mann schüttelte den Kopf. »Der Chef ist nicht da«, sagte er. »Aber so viel kann ich Ihnen auch sagen: Sie müssen mit dem Problem dorthin, wo Sie den Geschirrspüler gekauft haben.«

Also fuhr ich zu der Filiale der Elektrokette, in der meine Frau den Geschirrspüler erstanden hatte. Schon als ich durch die Glastür trat, wurde ich das Gefühl nicht los, dass ich als einer, der ein Problem hatte, unerwünscht war. Erwünscht waren hier bloß Menschen, die etwas kaufen wollten. Vielleicht war es Einbildung, vielleicht lag es aber auch daran, dass neben all den Werbeschildern keines mit der Aufschrift »Reparaturannahme« hing. Die Verkäuferin, die mir schließlich ihre Aufmerksamkeit schenkte, schüttelte dann ebenfalls den Kopf. »Sie hätten sich den Weg sparen können«, sagte sie. »Rufen Sie beim Kundendienst des Herstellers an. Der ist zuständig.«

Der Kundendienst war immerhin auf mein Anliegen vorbereitet. Doch als es um eine Terminvereinbarung ging, war vom »Dienst am Kunden« nicht viel zu spüren. Das Ganze fühlte sich eher an wie die amtliche Bekanntgabe eines Termins für die Stromablesung in einer Gemeindebauwohnung. »12. April«, sagte die Frau.

»12. April?«, fragte ich. Das war in drei Wochen. »Geht es nicht früher?«

»Ausgeschlossen«, sagte sie. In ihrem Tonfall und in ihrem kurzen, trockenen Lachen schien eine mindestens halbstündige Rede darüber zu liegen, wie ahnungslos ich offenbar war und wie dankbar ich sein musste, überhaupt einen Termin zu bekommen.

»Am 12. April kann ich nicht«, sagte ich.

Ich nahm den Termin dann trotzdem, denn er war noch immer besser als der nächstmögliche, der schon in der letzten Maiwoche gelegen wäre.

»Seien Sie bitte zwischen acht und zwölf Uhr da«, sagte die Frau.

»Genauer lässt sich das nicht sagen? Ich muss nämlich in die ...«

Ich unterbrach mich, weil ich spürte, dass es sinnlos war. Sie hörte gar nicht mehr zu. Kundendiensttermine vergeben zu können, das war wohl eine der geheimen Machtpositionen, wie Parkscheinkontrolleur oder Bademeister, in denen Menschen ihren Sadismus ausleben und sich nach Herzenslust an der Menschheit rächen konnten, wofür auch immer.

Am Morgen des 12. April wusch ich gründlich ab. Ich bin in dem Punkt nicht kleinlich, aber wenn bei einer vierköpfigen Familie der Geschirrspüler nicht läuft, stapeln sich immer schnell die Pasta-Töpfe, Bratpfannen und Nutella-Löffel in der Spüle. Um Punkt acht Uhr trocknete ich die letzte Tasse ab und war bereit für den Servicetechniker.

Als der Mann seine Werkzeugtasche in unser Vorzimmer stellte, hatte ich bereits ein zweites Mal abgewaschen und abgetrocknet, denn er kam lange nach dem Mittagessen, so gegen 13.30 Uhr. Dafür musste er die Küche erst gar nicht betreten, um seine Diagnose zu stellen. »Das Gerät ist älter als fünf Jahre«, sagte er noch vom Vorzimmer aus, während er einen kurzen Blick in unseren Garderobenspiegel warf und sich beiläufig durch die Haare fuhr. »Das zahlt sich nicht mehr aus.«

Es wunderte mich, dass fünf Jahre für einen Geschirrspüler schon ein so hohes Alter waren. Er erklärte mir, dass es an der Garantie läge. Die sei bei einem fünf Jahre alten Gerät abgelaufen und danach sei eine Reparatur angesichts der günstigen Preise für neue Geräte nicht mehr sinnvoll. »Dann tut es mir leid, dass Sie umsonst gekommen sind«, sagte ich.

»Kein Problem«, sagte der Mann. Er suchte nach einer Unterlage für seinen Rechnungsblock. »Das macht alles zusammen …« Er tippte etwas in seinen Taschenrechner und nannte mir schließlich eine Summe in Höhe eines Viertels des Kaufpreises eines neuen Geschirrspülers.

»Alles zusammen?«, fragte ich. »Was meinen Sie damit?«

»Die Anfahrt und die Besichtigung. Wenn Sie bei uns ein neues Gerät derselben Marke kaufen, entfallen diese Kosten. Das wissen Sie ja bestimmt.«

Ich hatte es nicht gewusst und wollte schon andächtig nicken. Ach, was war ich doch für ein naiver Konsument gewesen, und was für eine Last für diese Menschen, die im Auftrag großer Elektro-Konzerne doch wirklich ihr Bestes für uns gaben.

Erst im letzten Moment besann ich mich. Denn in gewisser Weise war ich es mir schuldig, nicht nur ein kluger, sondern auch ein kritischer Konsument zu sein. Schließlich arbeitete ich für die *Wiener Umweltberatung* und beriet Privatpersonen, öffentliche Einrichtungen und Gewerbetreibende beim verantwortungsbewussten Umgang mit der Natur – etwa in den Bereichen Abfall, Reinigung, Energie oder Baustoffe. Weshalb für mich schon berufsbedingt der Verdacht nahelag, dass mein Gefühl, ich sei als Konsument naiv und würde erst dann alles richtig machen, wenn ich den Empfehlungen dieses Servicetechnikers folgte, ein von der Industrie gewünschtes und gemachtes sein könnte. Ich wurde richtig böse. »Warten Sie«, sagte ich. »Ob und wo ich einen neuen Geschirrspüler kaufe, weiß ich noch nicht, aber ich zahle gar nichts, wenn Sie mir nicht den Fehler zeigen. Deshalb sind Sie schließlich hier.«

Er warf noch einen Blick in den Spiegel, diesmal wohl, um Zeit zu gewinnen.

»Kennen Sie sich überhaupt aus?«, fragte ich ihn. Ich deutete auf seine Tasche. »Welchen Beruf haben Sie gelernt? Wissen Sie überhaupt, wie sich ein Geschirrspüler öffnen lässt? Oder sind Sie nur der verlängerte Arm der Verkaufsabteilung?«

In der Rolle des Konsumenten als Querulant war ich erfolgreicher als bei meinem Versuch, die vorgegebenen Wege korrekt zu beschreiten. Wenige Augenblicke später kniete der Servicetechniker vor meinem Geschirrspüler. Auf der Anrichte lagen ein paar Schrauben und neben ihm lehnte die Abdeckung des Gerätes. »Schauen Sie«, sagte er und deutete in den von dünnen Spinnweben durchzogenen Innenraum. »Es ist dieser kleine Schlauch hier. Ich hatte es mir schon fast gedacht.«

Ich wollte mich schon für die Expertise bedanken, als ich ein weiteres Mal nachzudenken anfing. Vielleicht war das neuerlich naiv, aber ein Schlauch? Wegen eines Schlauches sollte nichts mehr zu machen sein? Ein kaputter Schlauch bedeutete gleich einen Totalschaden? »Lässt sich der nicht austauschen?«, fragte ich. »So ein Schlauch müsste doch ein Verschleißteil sein.«

»In Wirklichkeit brauchen sie ihn nicht einmal auszutauschen«, sagte er. Er warf mir einen verschwörerischen Blick zu, als wäre er auch schon lange böse auf ein System, in dem er ständig sein Fachwissen als Vasall eines nach Umsätzen gierenden Konzerns verraten musste. Er zog den Plastikschlauch links und rechts ab, blies einmal durch und befestigte ihn wieder. »Das war's«, sagte er. »Der Schlauch war verstopft. So etwas passiert, wenn Sie zu viel Geschirrspülmittel verwenden.«

Das war vor zwanzig Jahren. Meine beiden Söhne sind inzwischen erwachsen und werden mich hoffentlich bald zum Großvater machen. Auch sonst hat sich einiges in meinem Leben verändert. Ich weiß jetzt, dass nicht nur Servicetechniker unter gespaltenen Persönlichkeiten leiden. In den Ingenieurs- und Produktdesignabteilungen der Elektro-Multis sieht es genauso aus. Dort sitzen begabte und gut ausgebildete Techniker und Designer und sind hin- und hergerissen zwischen ihrem Berufsethos, gute Produkte zu entwickeln und zu gestalten, und dem Druck, ihren Arbeitgebern mithilfe von Sollbruchstellen beim Erreichen ihrer Umsatzziele zu helfen.

Bloß zwei Dinge sind für mich in diesen zwanzig Jahren unverändert geblieben. Das erste: Ich habe nach wie vor keine Lust, mich als Konsument von Konzernen verarschen zu lassen. Das zweite: Mein Geschirrspüler von damals funktioniert noch immer.

Hinter den Kulissen

Ich habe meinen früheren Job als Umweltberater nicht zufällig gewählt. Mir war schon früh die Zerbrechlichkeit und Schutzbedürftigkeit unseres Planeten bewusst geworden, und die Rolle von uns Menschen als seine größte Bedrohung. Mein Geographielehrer öffnete mir damals die Augen dafür. Er redete oft davon, dass wir Menschen zu wenig von der Erde wissen, sonst würden wir uns anders verhalten. Wir würden anders mit ihrer Natur, ihren Ressourcen und ihrer Atmosphäre umgehen. Er war für mich ein Botschafter des richtigen Lebens, dessen Stimme im allgemeinen Getöse viel zu wenig Gehör fand, weshalb ich ebenfalls Geographielehrer werden wollte.

Vor allem die physische Geographie faszinierte mich – die Bewegungen der tektonischen Platten, die sich verschiebenden Gesteinsschichten und ihr empfindliches Gleichgewicht. Jenes Gleichgewicht, das wir allzu leicht vergessen, wenn wir uns auf der Erdoberfläche oder darunter, etwa bei der Ausbeutung der Bodenschätze, benehmen, als hätten wir die absolute Kontrolle.

Dabei zeigt jede Zeichnung vom geologischen Aufbau der Erde für jedes Kind verständlich, wie lächerlich diese Kontrollidee ist. Nur der oberste Teil der äußeren Schale der Erde ist fest, der Rest ist flüssig oder gasförmig. Die feste Erdkruste ist durchschnittlich gerade einmal 35 Kilometer dick, was der Strecke von Wien nach Eisenstadt oder von Frankfurt nach Mainz entspricht. Das Verhältnis ist wie bei der Schale einer Mandarine zur eigentlichen Frucht. Nur ist das »Fruchtfleisch« der Erde 1.000 bis 6.000 Grad Celsius heiß.

Nichts kann dort unten überleben. Nicht einmal ein Roboter könnte in mehr als dreißig Kilometer Tiefe vordringen. Diese Lebensfeindlichkeit des Erdkerns spüren sogar schon die Arbeiter in afrikanischen Goldminen, die bis in 3.000 Meter Tiefe reichen. Bei 45 Grad Celsius bohren dort unten Männer und Frauen im Lichtkegel ihrer Stirnlampen nach Gold, das wegen seiner hohen Leitfähigkeit beim Bau von Handys und anderen Geräten zum Einsatz kommt.

Um genug Gold für vierzig Handys zu erhalten,
müssen Menschen unter miserablen Arbeitsbedingungen
eine Tonne Golderz an die Oberfläche befördern.

Schmerzhaft bewusst wird uns die Lächerlichkeit unserer Kontrollidee, wenn sich die Lebensfeindlichkeit des Erdkerns auch an der Oberfläche zeigt – etwa bei Vulkanausbrüchen oder schweren Erdbeben. Im Vergleich zu diesen Naturgewalten ist alles von uns Menschen Geschaffene nur Tand. Keine Versicherungsgesellschaft der Welt würde das Risiko abdecken, das wir eingehen, indem wir diese Naturgewalten mit unseren von Gier getriebenen Eingriffen in die Ökosysteme herausfordern, dachte ich während meines Geographiestudiums.

Vor allem gaben und geben mir die destruktiven wirtschaftlichen und politischen Prozesse zu denken, die dazu führen, dass Bergbau-Multis und andere Konzerne, die mächtiger als ganze Staaten sind, dieses Risiko wider besseren und überall verfügbaren Wissens ständig steigern. Zum Beispiel, wenn sie mit Hilfe von umweltschädlichem und energieaufwendigem Fracking die letzten Ölreserven aus der Erde herauspressen, oder Menschen in den ärmsten Regionen der Welt unter widrigen Umständen immer tiefer bohren und graben lassen, um mineralische und metallische Ressourcen zu gewinnen.

Ich fragte mich damals, während meines Studiums, wie es sein kann, dass diese Konzerne rücksichtslos die Rohstoffe der armen Länder ausbeuten. Rohstoffe, die in der Folge billige Arbeitskräfte in den Schwellenländern zu Waschmaschinen, Geschirrspülern oder Fernsehern verarbeiten, die wir in den reichen Ländern billig kaufen und achtlos wieder entsorgen, wenn uns wegen einer neuen Werbebotschaft danach ist.

Womit wertvolle Stoffe aus dem Erdinneren, die in Armut lebende Menschen teils unter Einsatz ihres Lebens geborgen haben, und deren Abbau das sensible Gleichgewicht der Systeme unseres Planeten stören kann, einfach auf Halden für Elektroschrott landen.

Es heißt, dass aus Elektroschrott inzwischen
mehr Gold zu gewinnen ist, als aus vielen Minen.

Ich fragte mich während meines Studiums auch, warum wir da einfach mitspielen, zumal ich schon damals den Verdacht hegte, dass wir als Konsumtrottel nicht nur dem Planeten schadeten, sondern auch uns selbst. Ständig neue Geräte zu kaufen, bloß weil sie billig waren, war über einen längeren Zeitraum betrachtet bestimmt teurer, als einmal ein ordentliches zu kaufen, das sich reparieren ließ und ewig hielt.

Warum also spielten wir da mit?

Eine erste Antwort fand ich, als ich in den 1990er-Jahren in einer Filiale einer österreichischen Lebensmittelkette mit der *Umweltberatung* ein Projekt zur Abfallvermeidung durchführte. Dort standen die *Cola*-Dosen griffbereit auf Augenhöhe, während die Pfandflaschen der gleichen Getränkemarke sich ganz unten im Regal befanden – sichtbar nur für jene Kunden, die danach suchten. Die Filialleiterin war skeptisch, als wir die Flaschen nach oben und die Dosen nach unten schlichteten, doch es trat ein, was ich erwartet hatte. Die Kunden legten nun die Mehrwegflaschen in ihre Einkaufswagen, während die Dosen verstaubten.

Die Handelskette hatte trotzdem kein Interesse, die neue *Coca Cola*-Ordnung zu behalten oder sie gar im Sinne der Umwelt und einer nachhaltigen Ressourcennutzung auch in allen anderen Filialen durchzusetzen. Denn Pfandflaschen sind für Handelsketten mühsam. Jemand muss die zurückgegebenen Flaschen in Kisten einsortieren und bis zur Abholung durch die Lieferanten ins Lager stellen. Wenn die

Kunden Dosen statt Flaschen kaufen, sparen die Handelsketten Lohn- und Lagerkosten.

Dass die Mehrwegflaschen allmählich verschwanden, lag also nicht nur an den Bedürfnissen der Kunden, die sich über leichtere Einkaufstaschen und mehr Platz im Kühlschrank freuten, begriff ich. Daran waren auch die wirtschaftlichen Interessen der Handelsriesen schuld, die uns als Kunden gemäß ihren eigenen Bedürfnissen manipulieren, ohne dass wir es merken. Wenn es dann um den Elektroschrott und den Plastikmüll geht, verweisen sie trotzdem mit einer Krokodilsträne auf unsere Kundenbedürfnisse. Sie verkaufen Geräte mit »Öko«-Schaltern, die nichts als ein Etikettenschwindel sind (siehe Kapitel »Die Energieeffizienzlüge«), hängen Einkaufstaschen zur Kassa, die zum Teil aus nachwachsenden Rohstoffen statt aus Plastik bestehen, deren ökologischer Fußabdruck aber in Wirklichkeit auch nicht viel besser als der reiner Plastiktaschen ist, und schlichten Bio-Ware in die Regale, mit der sie genauso viel oder sogar noch mehr als mit herkömmlicher verdienen.

Meine Frage war damit hinlänglich beantwortet. Wir spielen mit, weil die Multis uns dementsprechend manipulieren.

> *Wir sind nicht von Natur aus Konsumtrottel, sondern die Konzerne machen uns dazu. Und wahrscheinlich können sie es selbst nicht fassen, dass wir auf ihre simplen Tricks ständig hereinfallen.*

Ich entwickelte das Bedürfnis, etwas gegen diese unaufhörliche Manipulation und diesen, unserem Wirtschaftssystem offenbar immanenten, Wegwerfwahnsinn zu tun. Meine Idee bestand darin, alte, bereits entsorgte Waschmaschinen, Geschirrspüler oder Fernseher, die noch zu retten waren, zu reparieren und günstig zu verkaufen.

Ich fing im Frühjahr 1998 mit zwei Angestellten, zwölf Langzeitarbeitslosen sowie Förderungen einiger öffentlicher Wiener und Brüsseler Stellen an. Mein *Reparatur- und Servicezentrum*, kurz *R.U.S.Z*, bekam viel Aufmerksamkeit. Die Wienerinnen und Wiener brachten uns ihre defekten Waschmaschinen, Bügeleisen, Bohrmaschinen, Heckenscheren, Fernseher, Videorecorder und Stereoanlagen, die sie teils über Jahre in Kellern, Garagen und auf Dachböden aufgehoben hatten.

Dieses Interesse, von dem wir anfangs teils regelrecht überfordert waren, zeigte mir, dass unsere Initiative ein Marktversagen ausglich. Viele Menschen hatten offenbar darauf gewartet. Warum hätten sie sonst die Geräte so lange aufbewahrt?

Als uns ein Segler den sechs Meter langen Flautenschiebemotor für seine Yacht brachte, wusste ich, dass wir noch mehr tun mussten. Wir bildeten gemeinsam mit Reparaturbetrieben, die bisher für sich allein ein schwieriges Dasein gefristet hatten, das *Reparaturnetzwerk Wien*, zu dem inzwischen mehr als achtzig Betriebe gehören. Wir tauschen Informationen aus und sorgen dafür, dass wir möglichst alle anfallenden Reparaturen bewältigen können.

Seit zwei Jahrzehnten blicke ich hinter die Kulissen der Elektro-Multis, indem ich mit meinem Team im Wiener Reparatur- und Servicezentrum ihre Produkte auseinander nehme.

Reich werden wir dabei alle nicht. Denn, zwar mögen die Menschen unser Angebot, der »freie« Markt aber hat etwas dagegen. Das fand ich heraus, als das Arbeitsmarktservice die Zusammenarbeit aufkündigte und wir mit wirtschaftlich vertretbaren Preisen arbeiten mussten. Wenn eine Reparatur selbst bei uns ein paar Tage dauert und fast so viel oder sogar noch mehr als eines der sofort verfügbaren neuen Geräte kostet, liegt die Entscheidung der Kunden, einmal mehr die Augen vor dem Wegwerfwahnsinn zu verschließen, nahe.

Aus verständlichen Gründen. Die meisten von uns ahnen, dass gute Qualität in der Regel mehr kostet, und billigere Ware meistens auch schlechter ist. Doch manchmal wollen oder können wir die 300 oder 600 Euro mehr nicht ausgeben, wenn sich kurz nach Weihnachten der BH-Bügel in der Waschmaschinenpumpe verfangen hat und der Hersteller sagt: »Leider kein Garantiefall.«

In den vergangenen Jahren hat sich der Wettbewerb zwischen Reparatur und der neuen Ware aus den Handelsketten immer weiter verschärft. Der Grund dafür sind die immer billigeren Geräte in den Regalen. Der Wegwerftrend hat sich mit ihnen durchgesetzt, und er macht inzwischen nicht einmal mehr vor Produkten wie Bohrmaschinen, Stereoanlagen und Küchenherden halt, die wir vor fünfzig Jahren noch für mindestens ein halbes Leben gekauft haben.

Dieser Wettbewerb ist unfair und des freien Marktes eigentlich unwürdig. Denn die externalisierten Kosten, also die Kosten für Umweltzerstörung und Schäden in der sozialen Entwicklung ganzer Länder, sind bei den Geräten der Schnäppchenanbieter natürlich nicht eingepreist. Das alles zahlen wir, unsere Kinder und unsere Enkel in Form von Folgekosten für Klimakatastrophen, Kriege, die im Kern immer wirtschaftlich motiviert sind, und Flüchtlingsströme. Das bedeutet, dass wir Reparateure zwar keine Subventionen mehr bekommen, die profitorientierten Konzerne über Umwege aber sehr wohl.

Die Konzerne nehmen uns Reparateure auch sehr wohl als Konkurrenten ernst. Sie strengen sich an, um uns das Leben schwer zu machen. Zum Beispiel mit Handrührgeräten, deren Gehäuse verklebt statt verschraubt sind, sodass sie ihr Besitzer schon beim kleinsten Defekt nur noch wegwerfen kann.

Gleichzeitig schlagen die Konzerne Nutzen aus der Wegwerfkultur, indem sie die Lebenszeit ihrer Produkte mit technischer Raffinesse und auf Basis ihrer Umsatzziele und Marketingpläne wissentlich verkürzen. Dabei kriegen sie uns auch noch psychologisch dran. Sie erzählen uns, dass unser Gerät vielleicht noch funktioniert, aber dass wir besser dran sind, wenn wir es loswerden. »Hau weg, den Dreck«, lautet ein Slogan der Elektrokette *Saturn*.

Vor allem bei Prestigeprodukten wie Fernsehern oder Handys fallen wir gerne darauf herein und entsorgen Geräte, die voll funktionstüchtig sind und noch jahrelang gehalten hätten. Wir kaufen uns, Studien zufolge, alle ein bis zwei Jahre ein neues Smartphone und ersetzen mit sechzigprozentiger Wahrscheinlichkeit unseren funktionierenden Flatscreen-Fernseher durch einen neuen.

Die größten Lügen der Elektro-Multis

Die Multis verkaufen uns nicht nur für dumm, sie verkaufen uns für dümmer als wir sind. Sie erzählen uns jeden Tag unglaubliche Lügen, die zumindest aus meiner Perspektive als Reparateur leicht zu durchschauen sind.

EINS. Die Preislüge

Das oberste Ziel der Elektro-Multis und der Elektroketten besteht darin, uns so viele elektrische Geräte wie möglich zu verkaufen. Deshalb bieten sie möglichst billige Geräte an und bewerben sie in ihren Flugblättern und Inseraten als Schnäppchen. Wenn wir diese Geräte kaufen, haben wir das Gefühl, einen guten Deal zu machen. Wir glauben, gute Qualität zu einem guten Preis zu bekommen. Wir fühlen uns als Sieger, weil wir denken, dass sich die Ketten beim Buhlen um uns gegenseitig die Preise ruinieren. Sie tun uns beinahe leid deswegen, und unsere Welt scheint in Ordnung zu sein, denn wir sind als Kunden Könige. Die Elektro-Multis und die Elektroketten beugen sich unserem Wunsch nach dem jeweils Neuesten zum billigsten Preis. Die österreichische Elektrokette *Zgonc* hat dieses subjektive Empfinden in einen Slogan gefasst. »Wenn er´s nur aushält der *Zgonc*«, lautet er.

Nur stimmt das so nicht, auch wenn es anfangs schwer zu glauben ist. Das alles ist genauso eine Illusion wie die Vorstellung, dass die Pfandflaschen verschwunden sind, weil wir Kunden es so wollten. Die Elektro-Multis haben diese Illusion mit falschen Behauptungen und zurückgehaltenen Informationen geschaffen, und wir sind darauf hereingefallen, ganz wie es ihre Absicht war.

Ich kann das deshalb mit so großer Sicherheit sagen, weil mein Verdacht von einst, dass die billigen Geräte nur ihren Herstellern und nicht uns Konsumenten dienen, sich in den vergangenen zwanzig Jahren meiner Auseinandersetzung mit dem Innenleben dieser Geräte jeden Tag bestätigt hat.

Billige Geräte haben aufgrund ihrer Bauart eine kürzere Lebensdauer. Für Haushaltsgroßgeräte wie Waschmaschinen, Geschirrspüler und Kühlschränke gilt die Faustregel: 100 Euro mehr bringen ein Jahr Lebenszeit, Geräte ab 700 Euro halten überhaupt länger. Es gibt auch unter den teuren Geräten welche, die früher, als es ihr Preis versprechen würde, kaputt sind, und andere, die trotz niedrigem Anschaffungspreis lange halten, aber im Großen und Ganzen stimmt diese Faustregel.

Damit reicht ein einfaches Rechenbeispiel, um die Preislüge zu erklären. Eine billige Waschmaschine müssen wir im Schnitt nach drei bis fünf Jahren austauschen. Dabei geben wir in zwanzig Jahren rund 2.000 Euro aus und belasten die Umwelt mit bis zu sechs neu produzierten und ebenso vielen entsorgten Geräten. Würden in den Verkaufsräumen in erster Linie Waschmaschinen ab 700 Euro stehen und die Handelsketten sie mit ihrer Langlebigkeit bewerben, sähe die Rechnung anders aus. Eine solche Waschmaschine liefert, wenn sie klug gewählt ist, gut und gern zwanzig Jahre lang saubere Wäsche. Wir würden uns in diesem Zeitraum in Summe rund 1.000 Euro sparen, und der Umwelt einen Transporter voll Altmetall, Gummidichtungen und Kabel für die entsorgten Geräte, ganz abgesehen von dem Ressourcenverbrauch für die neuen.

Einbußen hätten bloß die Hersteller und der Handel zu verzeichnen. Ihre Umsätze und ihre Gewinne, beides die Grundmaße ihrer Welt, würden empfindlich schrumpfen.

Der Zusammenhang »billiger Preis und kurze Lebensdauer«, den uns die Elektro-Multis gerne als eine Art ehernes Naturgesetz präsentieren, und den wir deshalb auch als unumstößlich zur Kenntnis genommen haben, existiert so eigentlich auch nicht. Auch ihn haben bloß die Elektro-Multis in unseren Köpfen verankert, um billige Geräte so bauen zu können, dass sie nach wenigen Jahren kaputtgehen und wir in den Elektromärkten neue kaufen müssen.

Wie lange genau ein Gerät zu welchem Preis halten darf, das ist Gegenstand von ausgeklügelten Marktstrategien der Elektro-Multis.

Die Elektro-Multis berechnen die Lebensdauer ihrer Produkte kühl und sorgen dafür, dass sie auch tatsächlich zum gewünschten Zeitpunkt den Geist aufgeben. Wofür es einen Fachbegriff gibt: geplante Obsoleszenz.

Eine Verschwörungstheorie?

Leider nein. Ich habe das seit einer Weile schwarz auf weiß, oder besser gesagt: schwarz auf gelb. Denn im Zuge eines großen Waschmaschinentests, den wir in unserem *Reparatur- und Servicezentrum* im Auftrag einer europäischen Konsumentenschutzorganisation durchführten, fragten meine Kollegen bei den Zentralen der Elektroindustrie Hintergrundinformationen ab. Dabei landete eine brisante Tabelle in meinem Email-Postfach.

In schwarzer Schrift auf gelbem Untergrund war dort in holländischer Sprache nachzulesen, wie der Elektrohandel mit der Lebensdauer der Haushaltsgroßgeräte kalkuliert. Die Branchenvertretung des Elektrohandels in den Niederlanden hatte die Liste für die Hersteller verfasst und sie »UNETO VNI Vorschrift 2015« genannt. Offenbar sollten die Hersteller eine Leitlinie dafür bekommen, wie sie das Geschäft für den Handel und damit sich selbst am besten am Laufen hielten. Dass auch ich als Außenstehender, noch dazu als kritischer, die Liste bekam, war dem Übereifer eines Mitarbeiters eines jener Hersteller geschuldet, der hinterher wohl einige Schelte dafür hinnehmen musste.

Am oberen Ende der Tabelle stand die billigste Waschmaschine, ein Gerät für gerade einmal 149 Euro. 149 Euro sind nur wenig mehr, als serbische Händler von gebrauchter Weißware am Flohmarkt von Belgrad für alte Waschmaschinen verlangen, die sie in Verlassenschaften in Wien für ein paar Euro kaufen und dann in ihren Lieferwagen die 600 Kilometer nach Südosten transportieren.

Dass es um diesen Preis eine nagelneue Waschmaschine beim Elektrohändler gibt, ist erstaunlich, hat allerdings nennenswerte Nachteile für ihre Käufer. Der Hersteller hat ihre Lebenszeit auf zwei Jahre begrenzt. So stand es auch in dieser Tabelle. Das heißt, in unserer Rechnung von oben kommt der Käufer einer solchen Waschmaschine in zwanzig Jahren auf 1.490 Euro, vom Stress des zehnmaligen Austauschens der Waschmaschine in dieser Zeit und den Ausgaben für den Waschsalon, die womöglich in der Übergangsphase von einem zum nächsten Modell anfallen, ganz abgesehen.

Serben, die eine alte Waschmaschine aus einer Wiener Verlassenschaft, zum Beispiel, um 100 Euro auf dem Flohmarkt in Belgrad kaufen, haben mit ihren Geräten höchstwahrscheinlich sogar mehr und vor allem länger Freude, denn Ablaufdaten für Weißware sind noch eine eher junge Errungenschaft unseres Wirtschaftssystems. Es folgt der seltsamen Logik eines manipulierten Marktgeschehens, dass alte Geräte inzwischen eine längere Lebenszeit vor sich haben können als fabrikneue. Doch dazu komme ich später noch.

Am unteren Ende jener Tabelle standen die teuersten Waschmaschinen für mehr als 700 Euro. Auch sie waren nicht für die Ewigkeit gebaut, sondern für ebenfalls überschaubare acht Jahre. Dann sind die Holländer also böse? Das wäre eine gewissermaßen unfaire Unterstellung. Denn die Holländer sind nur so böse wie alle anderen. Meine langjährigen Erfahrungen bestätigen, dass die Liste paradigmatisch für die gesamte Branche gilt.

GROOT HUISHOUDELIJK	UNETO VNI VOORSCHRIFT 2015 :	
	Aanschaf prijs	Gemiddelde gebruiksduur in maanden
	€ 0 - 199	24
	€ 200 - 299	36
	€ 300 - 399	48
	€ 400-499	60
	€ 500 - 599	72
	€ 600 - 699	84
	> € 700	96
KOFFIE MACHINES (VOL AUTOMATISCH)		
	€ 0 - 199	24
	€ 200 - 499	36
	> € 500	48

Brisante Tabelle: Billigwaschmaschinen halten geplanterweise zwei Jahre, teure Kaffeevollautomaten vier Jahre.

Mit der Liste für die Waschmaschinen und andere Großgeräte schickte mir jener übereifrige Mitarbeiter übrigens auch gleich eine für Kaffeevollautomaten, also für Kaffeemaschinen, die nach der Espresso-Methode verschiedene Kaffeevarianten vollautomatisch produzieren können. Solche Geräte kosten, Stand Sommer 2016, so zwischen 350 und 2.200 Euro. Die Liste bot hier noch unerfreulichere Informationen. Selbst Kaffeevollautomaten für mehr als 500 Euro halten nur vier Jahre. Wie kann es sein, dass die Hersteller so genau mit der Lebensdauer ihrer Geräte kalkulieren können? Wir sind zurück bei der geplanten Obsoleszenz. Die Unart der Hersteller, Sollbruchstellen in die Geräte einzubauen, geistert schon seit Jahren durch unsere Köpfe.

Die Elektro-Multis tun so, als wäre allein schon der Begriff »geplante Obsoleszenz« ominös, und sie stellen solche Behauptungen gerne als Hirngespinste von Fortschrittsverweigerern dar. Sie leugnen und beschönigen, obwohl schon mehrere Experten ihre Machenschaften eindeutig aufgedeckt haben und sie bei uns im Reparatur- und Servicezentrum jeden Tag offensichtlich werden.

Eines meiner Lieblingsbeispiele für die geplante Obsoleszenz sind die sogenannten Elkos in den Flachbildfernsehern, derentwegen wohl schon Millionen Geräte verfrüht beim Elektroschrott gelandet sind. Elkos, die mit ihrem ganzen Namen Elektrolytkondensatoren heißen, sehen aus wie kleine Batterien. Sie halten die Stromspannung auf gleichmäßigem Niveau. Geht einer von ihnen kaputt, laufen flimmernde Streifen über den Bildschirm und immer wieder fallen Bild und Ton aus.

Wir haben zwischen 2013 und 2015 alle Reparaturfälle bei Flachbildfernsehern dokumentiert und dabei herausgefunden, dass besonders bei den in den Jahren 2010 und 2011 gekauften Geräten die Elkos technische Schwachstellen sind. Nach drei bis fünf Jahren platzt der erste, weil er zu schwach dimensioniert ist. Außerdem sind die hitzeempfindlichen Elkos in vielen LCD-Fernsehern gleich neben Wärmequellen wie den Transistoren verbaut.

Wenn die Elektro-Multis hier schulterzuckend von preiswerterer Qualität für preiswertere Geräte sprechen, ist das

Elkos haben als Sollbruchstelle vor allem in LCD-Fernsehern dazu geführt, dass Millionen solcher Geräte im Elektroschrott landeten.

abermals nur blanke Verarsche. Denn der Kostenanteil eines Elkos an einem Fernseher ist lächerlich gering.

In einem Fernseher sind je nach Größe und Typ unterschiedlich viele Elkos von unterschiedlicher Stärke verbaut. In einem LCD-Fernseher mit 32 Zoll Durchmesser beispielsweise sind dreißig Elkos. Ein Elko kostet uns als *Reparatur- und Servicezentrum* im Einkauf je nach Größe 15 Cent bis 1,50 Euro. Wenn wir als kleiner Betrieb die Elkos kaufen, wohlgemerkt. Die Elektro-Multis kaufen die Elkos im großen Stil und zahlen nur einen Bruchteil unseres Preises. Das liegt daran, dass sich die Preise in unserem Wirtschaftssystem immer an der bestellten Stückzahl orientieren. Je mehr ein Kunde bestellt, umso billiger bekommt er die Ware. Elektro-Multis verarbeiten millionen von Elkos im Jahr, wir nur einige hundert. Worauf ich hinaus will: Würden die Elektro-Multis etwas bessere Elkos einbauen, die ihre Fernseher langlebiger machen würden, würde das für sie keine echten Mehrkosten bedeuten. Wenn also ein zu schwacher Elko in einem Fernseher platzt, gibt es nur einen plausiblen Grund dafür: Der Hersteller des Fernsehers wollte, dass er platzt.

Da gibt es noch die Sache mit dem Metall und dem Plastik. Jedem Schulkind, das schon einmal etwas gebastelt hat oder einfach über etwas praktischen Hausverstand verfügt, wird klar sein, dass nichts Gutes dabei herauskommt, wenn Teile aus ganz normalem Plastik in Teile aus Metall greifen, zumal dann, wenn sich die Teile bewegen und unter Druck stehen.

Dennoch bauen die Elektrokonzerne zum Beispiel in Handrührgeräte Plastikzahnrädchen ein, die in Metallschnecken greifen. Wenn sich dann die Knethaken nicht mehr bewegen, obwohl der Motor läuft, finden wir im Inneren des Gerätes, sofern es sich überhaupt öffnen lässt, zahnlose Plastikzahnrädchen und weißen Plastikmatsch.

Dass uns Kunden ein defektes Handrührgerät bringen, kommt allerdings kaum noch vor. Sie sind wegen so eines Problems nicht einmal richtig sauer. Sie legen einfach beim nächsten Einkauf in einem größeren Supermarkt ein neues Handrührgerät in ihren Einkaufswagen, und es kostet wahrscheinlich kaum mehr als das kaltgepresste Olivenöl, bei dessen Anschaffung sie auch nicht richtig nachdenken.

Dass eine Verbindung von Plastik und Metall fragwürdig ist, sollte jedes Kind begreifen, selbst ohne Werkunterricht in der Schule.

Derartige Sollbruchstellen entdecken wir in unserem *Reparatur- und Servicezentrum* ständig. Zum Beispiel bei Laptops, deren Grafikkarte in einer ganzen Baureihe nach exakt zwei Jahren kaputtgeht, bei Kaffeemaschinen, deren Brühgruppe die Hitze nicht aushält, weil sie aus ungeeignetem Kunststoff besteht, oder bei Druckern, die nach wenigen Jahren das Papier nicht mehr einziehen können, weil eines der dafür nötigen Zahnräder mit zu schwachem Klebstoff befestigt ist. Bei vielen Geräten zahlt es sich nicht einmal mehr aus, sie als Ersatzteilspender aufzubewahren, weil bei allen immer das gleiche Teil, die Sollbruchstelle, kaputt wird.

Ich könnte diese Liste eindeutiger Sollbruchstellen endlos fortsetzen. Dennoch erhielten die Elektro-Multis bei ihrer

Strategie des Leugnens und Beschönigens auch schon einmal Unterstützung von einer Seite, von der ich das nie erwartet hätte. Das *Deutsche Umweltbundesamt* beauftragte eine Studie zum Thema geplante Obsoleszenz.

Ich hatte erwartet, dass die deutschen Experten eine wissenschaftliche Grundlage für die Dinge liefern würden, die wir Praktiker jeden Tag eindeutig feststellen. Was dabei herauskam, war aber nur ein plastisches Bild davon, wie sehr und mit welchen subtilen Mitteln die Konzerne das öffentliche Bewusstsein in Sachen Preislüge und geplanter Obsoleszenz unterwandern, und wie wenig uns das bewusst ist.

Die an der Studie beteiligten Forscher der *Universität Bonn* und des Öko-*Instituts Freiburg* kamen zu einem in Anbetracht der Realität geradezu beschämenden Schluss. Es gäbe zwar Hinweise darauf, meinten sie, aber die geplante Obsoleszenz von Elektrogeräten, also der absichtliche Einbau von Sollbruchstellen, lasse sich nicht beweisen.

Die Studienautoren gingen sogar noch einen Schritt weiter und gaben den Herstellern ein gutes Argument für schlechte Qualität in die Hand. Schuld am Wegwerfwahn seien eigentlich wir Konsumenten, meinten sie. Dies, weil wir Geräte gewöhnlich früher als nötig ausmustern würden, also dann, wenn sie noch funktionieren, und zwar aus eigenem Antrieb. Wir kaufen einfach gerne ein und wollen immer das Neueste, vor allem bei Geräten wie Flachbildfernsehern, bei denen die Innovationssprünge rasch aufeinander folgen, hieß das. Womit das deutsche *Umweltbundesamt* die Elektro-Multis jeglicher Verantwortung für ihr Tun enthoben. Schließlich können die sich mit dem Resümee der Studie fast schon als Retter des Planeten fühlen. Denn würden sie mehr in langlebige Bauteile investieren, hätte das demnach nicht zur Folge, dass wir unsere Geräte länger behalten, sondern nur, dass wir selbst teurere Geräte, in denen wertvollere Materialien verbaut wären, funktionstüchtig entsorgen würden.

Der Schluss, zu dem die Forscher der *Universität Bonn* und des Öko-*Instituts Freiburg* im Auftrag des deutschen *Umweltbundesamtes* kamen, ist natürlich grundfalsch. So falsch, dass sich der Verdacht aufdrängt, das Amt hätte sich zum Teil jener Phalanx gemacht, die das Heil unseres Wirtschaftssystems, damit das Heil der Menschheit und letztlich das des ganzen Planeten, im Konsum sieht.

Diese Phalanx stuft alle, die das hinterfragen, als subversiv bis neokommunistisch, und jedenfalls als bedrohlich ein. Sie ist stark, weil sie sich aus Werbemitteln der Industrie nährt, kaltschnäuzige Manipulation als Meinungsbildung betrachtet und damit unsere Einstellung zu Dingen gründlicher beeinflusst, als wir selbst ahnen können oder wahrhaben wollen.

So waren auch einige Geschehnisse rund um die Entstehung der Studie fragwürdig. Es gab Wissenschaftler, die bei ihrer Erstellung mitarbeiten sollten, aber aus Angst um ihren guten Namen lieber passten. Zudem hat dem Vernehmen nach eine Organisation, die ein ausdrückliches Interesse daran hatte, dass die Studie den Elektro-Multis nicht allzu weh tut, im großen Stil gratis, oder zumindest sehr günstig, Daten dafür zur Verfügung gestellt. Auch die Art der Fragestellung war zweifelhaft. Das habe ich selbst erlebt, als ich im Zuge der Recherchen dafür Fragen beantworten sollte.

Das *Öko-Institut Freiburg* schickte mir zuerst einen 15-seitigen Fragenkatalog, um mir die Fragen hinterher doch lieber am Telefon zu stellen. Eine Mitarbeiterin las sie mir vor. Das ging dann zum Beispiel so: »Frage elf: Ist der Kunststofflaugenbottich in Waschmaschinen eine Sollbruchstelle?«

»Nein«, antwortete ich wahrheitsgemäß. »Kunststofflaugenbottiche werden, auch wenn die Laugenbottiche in Waschmaschinen bisher aus Edelstahl waren, nicht so leicht kaputt.«

Ich ahnte, dass ich damit schon mehr gesagt hatte, als sie hören wollte, und dass sie womöglich nur eine Callcenter-Mitarbeiterin war, deren Aufgabe einzig darin bestand, auf ihrem Bildschirm den Haken bei »ja« oder bei »nein« zu setzen. Dennoch ließ ich nichts unversucht, um auf das wahre Problem der geplanten Obsoleszenz bei billigen Waschmaschinen hinzuweisen. »Das wahre Problem besteht darin, dass die Kunststofflaugenbottiche viel zu schwache Stoßdämpfer haben«, sagte ich. »Bitte vermerken Sie das.«

Ich verzichtete darauf, ihr die Details zu schildern, obwohl die allein einen hinreichenden Beweis für die Existenz der ganz und gar nicht ominösen geplanten Obsoleszenz liefern: Die Elektro-Multis verbauen in ihren Billigwaschmaschinen so genannte Reibungsstoßdämpfer, deren Aufgabe darin besteht, die Unwucht des Laugenbottichs beim Schleudern abzufangen.

Bei dem Wort »Stoßdämpfer« drängt sich uns das Bild von einem schönen und stabilen Teil aus glänzendem Metall auf. Zumal dann, wenn es darum geht, die Unwucht einer schleudernden Waschmaschine und die dabei freiwerdenden beträchtlichen Kräfte abzufedern.

Doch die Wahrheit der Reibungsstoßdämpfer ist eine andere. Sie ist desillusionierend und bei Laien, denen ich solche Stoßdämpfer im Schauraum unseres *Reparatur- und Servicezentrums* gelegentlich vorführe, löst sie jenen Ärger und auch jene Bedrückung aus, die mit dem Gefühl, betrogen worden zu sein, einhergehen.

Reibungsstoßdämpfer bestehen aus Plastik, und ihr Kern ist nichts weiter als ein Stück eingefetteter Schaumstoff. Ja, genau: Der Schaumstoff an dem Plastikteil sieht genauso aus wie der Schaumstoff, der aus einem billigen Kissen quillt, wenn wir es aufmachen, und das Fett ist einfach nur Fett, das mit der Zeit vertrocknet.

Wenn das Fett vertrocknet ist, kann der Stoßdämpfer die Unwucht des Laugenbottichs nicht mehr abfangen. Die ganze Unwucht trifft nun auf das Lager, in dem er sich dreht, und das natürlich nicht dafür gebaut ist, solchen Kräften standzuhalten. Das Lager geht kaputt.

Über den Daumen würde ich sagen, dass das Lager einer Waschmaschine mit Reibungsstoßdämpfern verlässlich nach spätestens drei bis fünf Jahren kaputtgeht. Anders kann es gar nicht sein. Die Reparatur so einer billigen Waschmaschine zahlt sich dann kaum noch aus.

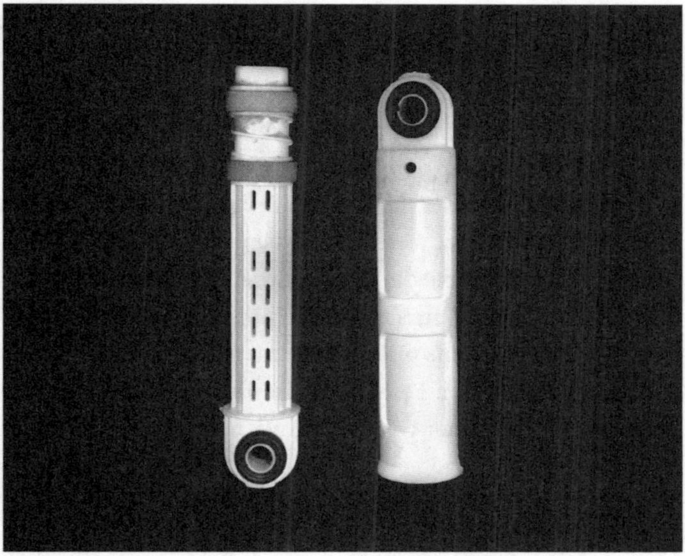

Dieses Plastikding soll dauerhaft die Unwucht einer Waschmaschinentrommel ausgleichen? Die Elektro-Multis nennen es »Reibungsstoßdämpfer«.

In der Studie des *Umweltbundesamtes* hieß es lapidar, dass Kunststofflaugenbottiche keine Sollbruchstellen von Waschmaschinen sind. Das war, wie gesagt, korrekt, doch die entscheidende Information fehlte. Denn über den fatalen Zusammenhang zwischen den Laugenbottichen, den Reibungsstoßdämpfern und den Lagern stand nichts drin.

Die Elektro-Multis hätten, wie bei besseren Elkos, unzählige Möglichkeiten, auch billige Produkte haltbarer zu machen. Doch im Schutz der Preislüge tun sie beharrlich genau das Gegenteil.

Aus der Studie des *Umweltbundesamtes* ist aber auch herauszulesen, dass sich in den vergangenen rund 15 Jahren der Anteil jener Waschmaschinen, die innerhalb von fünf Jahren wegen eines Defektes ersetzt werden, fast verdreifacht hat. Bei den Geschirrspülern dürfte die Entwicklung ähnlich sein.

Unser Fernsehtechniker Herbert arbeitet schon seit mehr als zehn Jahren bei uns und erzählt oft, dass in dieser Zeit die Reparaturen etwa von Fernsehern immer unwirtschaftlicher wurden. Die Fernseher wurden immer billiger und die Reparaturen immer teurer.

Etwa ab dem Jahr 2012 lösten die LED- die LCD-Fernseher ab. In den LED-Fernsehern sind viel weniger Elkos verbaut und die werden kaum noch kaputt. Doch die Elektro-Multis ließen sich die Umsatzvorteile, die sie bis dahin mit zu klein dimensionierten Elkos erzielt hatten, nicht entgehen. Von nun an betrieben sie mit den Platinen Absatzsteigerung. LED-Fernseher haben drei Platinen, auf denen sich alle elektronischen Elemente befinden, die den Fernseher am Laufen halten.
Die Elemente sind auf die Platinen aufgelötet, aber nicht alle. Einige sind aufgepresst. Ist ein Element, das aufgepresst statt aufgelötet ist, defekt, haben wir ein Problem. Dann müssen wir die ganze Platine tauschen.

So eine Platine für einen LED-Fernseher kostet 150 bis 300 Euro. Dazu kommt etwa eine halbe Stunde Arbeitszeit,

Unser Fernsehtechniker Herbert.

Platinen sind oft so gestaltet, dass sie sich nicht reparieren lassen, obwohl sich auf ihnen alle elektronischen Bauteile befinden.

macht weitere 60 Euro. Eine solche Reparatur kommt also im besten Fall auf 210, im schlimmsten auf mehr als 360 Euro. Wenn nun aber nicht nur eine Platine, sondern gleich zwei oder alle drei auszutauschen sind, rechnet sich die Reparatur endgültig nicht mehr.

Als kleine Zusatzquälerei haben sich die Elektro-Multis eine neue Löttechnik ausgedacht, die sogenannte SMD-Technik. Sie stellt sicher, dass wir auch bei defekten, aufgelöteten Elementen gleich die ganze Platine tauschen müssen. Denn, um so zu löten, ist spezielles Lötwerkzeug erforderlich, das die wenigsten Werkstätten haben, weil es mehrere Tausend Euro kostet.

Dass billige Geräte schwerer reparierbar sind, ist ebenfalls Teil der Preislüge. Sie sind deshalb schwerer reparierbar, weil die Elektro-Multis absichtlich und in ihrem eigenen Interesse dafür sorgen.

Die Hersteller benützen auch für die unglückliche Bauweise ihr Killerargument: Sie müssen das so machen, um ihren Kunden günstige Preise bieten zu können. Sie tun es also angeblich wieder unter dem Druck des Marktes und letztlich im Sinne von uns allen. Nur deshalb können wir uns damit, zum Beispiel, einen Flachbildfernseher leisten, ohne auf die Städtereise im Herbst verzichten zu müssen. Dabei würde der Einbau einer reparierbaren Platine, auf der sich einzelne Teile austauschen lassen, den Gesamtpreis eines Fernsehers ebenfalls kaum erhöhen. Besonders dramatisch ist die von den Elektro-Multis bewusst herbeigeführte Entwicklung zu Wegwerfgeräten bei Küchenutensilien wie Handrührgeräten, Kaffeemühlen, Saftpressen oder Rührmaschinen. Die unserer Eltern haben noch ein halbes Leben lang gehalten, unsere tauschen wir bald schon so regelmäßig wie früher Glühbirnen. Dafür liegt ihr Preis auch nur noch zwischen der besagten Flasche Bio-Olivenöl und einmal gut essen gehen. Für diese Produkte haben die Hersteller auch so ihre Tricks, um ihre Lebenszeit zu begrenzen und sie unreparierbar zu machen.

Ich habe daheim seit zwanzig Jahren eine Saftpresse, mit der ich schon kiloweise Orangen ausgepresst habe. Vor Kurzem drehte ich sie einmal um und bemerkte zum ersten Mal das Etikett auf der Unterseite. »KB5« stand darauf. Ich fragte ein bisschen herum, aber kein Mensch konnte mir sagen, was »KB5« bedeutet.

Die Bedienungsanleitung für diese Saftpresse hatte ich längst nicht mehr, aber in der für ein relativ neues Handrührgerät fand ich die Abkürzung ebenfalls, und diesmal sah ich nach. »KB« ist die Abkürzung für Kurzzeitbetrieb. Die Zahl dahinter besagt, wie viele Minuten ein Gerät durchgehend in Betrieb sein darf.

»KB5« bedeutet also: Beim Orangenpressen muss ich die Presse spätestens nach fünf Minuten für eine Weile abschalten, sonst laufe ich Gefahr, dass sie kaputtgeht und der Hersteller nicht einmal zu einer Gewährleistung verpflichtet ist, weil er es ja in der Gebrauchsinformation vermerkt hatte. Wie gesagt, tat er das in Form eines Kürzels, das kein Mensch versteht, und zwar in einer Bedienungsanleitung, die niemand liest, weil ja ohnedies jeder weiß, wie eine Saftpresse oder ein Handrührgerät funktioniert. Den eigentlich notwendigen Sticker »Achtung: nach fünf Minuten Laufzeit kaputt« klebt natürlich kein Hersteller auf so ein Gerät.

Die Sache ließ mir keine Ruhe, bis ich einige Geräte hinsichtlich ihrer »KB«-Angaben testete. Ich fing mit ein paar spottbilligen Handrührgeräten an. Ich beschloss, einen Wiener Gugelhupf aus leichtem Germteig zu backen und setzte die Knethaken ein. Rührzeit, damit er richtig gut schmecken würde: rund dreißig Minuten.

Bei allen drei Handrührgeräten, die ich verwendete, stand »KB4« auf dem an der Unterseite aufgeklebten Etikett. Bei zwei Geräten konnte ich das einfach nachlesen, beim dritten war der Hinweis durch ein anderes Etikett des Herstellers überklebt. Bei einem Gerät waren die Angaben zudem nicht eindeutig. Auf dem Etikett stand »KB4« und in der Bedienungsanleitung »KB5«. Ich informierte mich dann sicherheitshalber auch noch, wie lange die Geräte nach ihrem Kurzeinsatz jeweils pausieren mussten. Dreißig Minuten, fand ich heraus, das stand ebenfalls in den Bedienungsanleitungen.

Nach den ersten vier Minuten war das erste Handrührgerät warm, aber intakt. Ich sah auf die Uhr und wartete die vorgeschriebenen dreißig Minuten. Ich bin nur Hobbykoch, weshalb es für mich eine neue Erkenntnis war, dass mein

Germteig in diesen dreißig Minuten noch zäher wurde, als er vorher war. Ich rührte also weiter, und nach den zweiten vier Minuten roch mein Handrührgerät ein bisschen komisch.

Die Wartezeit wirkte meinem Vorhaben, den Teig schön weich und geschmeidig hinzubekommen, abermals entgegen. Während der nächsten vier Minuten gab das Gerät den Geist auf. Zuerst qualmte es, dann folgte ein lauter Knall und damit war Schluss. Insgesamt verbrauchte ich an diesem Kochnachmittag alle drei Billighandrührgeräte, ohne am Ende meinen Gugelhupf servieren zu können. Ich wusste, wie er aussehen hätte sollen. Ungefähr so:

Bloß wurde der Teig dank moderner »Technik« nie fertig. Statt Kaffee und Kuchen zu genießen, befasste ich mich mit den näheren Ursachen der Schäden. Ich zerlegte die Geräte, was einigermaßen schwierig und jedenfalls irreversibel war, weil ihr Gehäuse verklebt war. Ich hatte aber ohnedies nicht vor, sie wieder zusammenzubauen oder gar noch einmal zu verwenden. Der Qualm war erwartungsgemäß aus dem Motor gekommen. Dieser wäre vielleicht zum Anrühren von Schlagobers geeignet gewesen, aber für einen Teig war er eindeutig zu schwach. Aber nicht einmal ersteres wäre jetzt noch möglich gewesen, auch wenn der Motor nicht durchgebrannt wäre. Denn die beiden Kunststoffzahnräder, die jeweils einen der Knethaken angetrieben hatten, waren vollkommen abgerieben. Ich konnte nur noch die Kunststoffbrösel herausklopfen.

Eine Metallschnecke hatte Zahnräder angetrieben. Ich habe das Problem einer solchen Kombination schon beschrieben: Durch die Kraft, die das Metallstück auf die kleinen Zähne aus schlechtem Kunststoff ausübt, trägt es sie nach und nach ab. Wenn der Motor wegen mangelnder Belüftung nicht ohnehin ausgefallen wäre, hätte die Metallschnecke nur noch leer durchgedreht.

Als ich den Fall unserem zuständigen Mitarbeiter zeigte, schüttelte er nur den Kopf. Er beanstandete nicht nur die Kombination von Kunststoff und Metall für diese Art von Antrieb, sondern auch das Fehlen einer guten alten Thermosicherung. So eine Sicherung würde ganz von selbst dafür sorgen, dass ein heiß laufender Motor rechtzeitig Pause macht.

Zumindest bei dem Problem mit dem Plastikzahnrad ist klar: Wenn die Elektro-Multis mit dem günstigeren Material für ein günstigeres Produkt argumentieren, ist das Teil der Preislüge. Ein brauchbareres Kunststoff- oder sogar ein Metallzahnrad würde das Gerät so minimal verteuern, dass es sich im Kaufpreis nicht ernsthaft niederschlagen würde.

Sie bauen diese Kunststoffzahnrädchen mit dem Ziel ein, Handrührgeräte wie Verbrauchsartikel verkaufen zu können. Mit billigen Handrührgeräten, die ein halbes Leben halten würden, und die sie leicht herstellen könnten, würden sie sich selbst aus dem Markt nehmen.

Die Studie des *Umweltbundesamtes* zu diesem Thema war mit der enormen Aufmerksamkeit, die sie bekam, ein Rückschlag für die Meinungsbildung, die wir Reparateure seit Jahrzehnten gegen den Wegwerfwahnsinn betreiben.

Interessant waren immerhin einige Details, die ich darin nachlesen konnte. So waren die befragten Konsumenten mit der Lebensdauer der Produkte im Durchschnitt zu 30 Prozent unzufrieden. Was wohl bedeutet, dass ungefähr ebenso viele Menschen schon einmal Erfahrungen mit einem verfrühten Lebensende eines ihrer Produkte gemacht hatten. So viel zum Thema, »wir werfen ohnedies alles weg, bevor es kaputt geht«.

Eine Aussage, die zudem arrogant gegenüber all jenen ist, die vielleicht mehrere Kinder haben, in der Spirale des abflauenden Wohlstands Einkommen verlieren oder aus anderen Gründen sparen müssen. Es gibt viele Menschen, und es wird immer mehr geben, die nicht aus Lust und Laune funktionierende Technik wegwerfen.

Dass das *Umweltbundesamt* mit seiner Einschätzung hinsichtlich der Wegwerfmentalität nur zum Teil Recht hat, zeigen auch die jährlich durchgeführten sogenannten *Euroba-*

rometer-Umfragen. Im Auftrag des europäischen Parlaments beantworten dabei Privatpersonen aus allen EU-Mitgliedsstaaten die immer gleichen Fragen aus den immer gleichen Themenkategorien. Etwa 86 Prozent der Befragten geben dabei jeweils an, dass ihnen langlebige Produkte wichtig wären.

Wäre Langlebigkeit eine Werbebotschaft, würde sie funktionieren. Das bestätigt eine Studie, die 2016 im Auftrag des *Europäischen Wirtschafts- und Sozialausschusses* entstand. Demnach hätte die Ausweisung der Lebensdauer eines Produktes erheblichen Einfluss auf Kaufentscheidungen. Besonders Hersteller von Druckern, Kaffeemaschinen, Waschmaschinen, Staubsaugern und Smartphones könnten mit Langlebigkeit punkten. Viele Konsumenten würden dafür mehr zahlen. 90 Prozent der Befragten würden im Schnitt um 102 Euro mehr für einen Geschirrspüler ausgeben, wenn sie wüssten, dass er zwei Jahre länger hält. Doch so funktioniert unser Wirtschaftssystem leider nicht.

> *Zu sagen, »seht her, liebe Konsumenten, wir bieten euch tolle, langlebige Produkte zu einem günstigen Preis«, das geht sich für die Elektro-Multis in einer Welt mit gesättigten Märkten bei gleichzeitigem Wachstumsdruck einfach nicht aus. Sie würden damit gegen ihre eigenen Geschäftsinteressen handeln. Sie können damit leben, wenn wir billig und dafür oft kaufen, oder wenn wir teuer und dafür seltener kaufen. Aber billig und selten, das müssen sie mit allen Mitteln verhindern.*

Offen sagen wollen sie uns so etwas natürlich nicht. Deshalb erzählen sie uns die Preislüge und bauen die Sollbruchstellen ein, und was das alles mit unserem Bankkonto und mit unserem Planeten macht, ist ihnen herzlich egal.

Kaltschnäuzig und profitgierig haben sie durchgesetzt, dass wir alle das Wegwerfen inzwischen über fast alle Gerätekategorien hinweg als Alternative zum Reparieren akzeptieren. An den 1,8 Millionen Tonnen Elektroschrott, die im Jahr 2014 allein in Deutschland anfielen – das entspricht dem Gewicht von 1,4 Millionen Autos des Typs VW Golf – sind keineswegs wir in unserer Gier nach dem immer Neuesten schuld, sondern die Elektro-Multis, die keiner daran hindert, uns absichtlich und unaufhörlich hinters Licht zu führen.

ZWEI. Die Werbe- und Marketinglüge

Eudora war lange eine klassische österreichische Waschmaschinen-Qualitätsmarke. *Eudora* baute Maschinen, die wegen ihrer Unverwüstlichkeit noch heute am Gebrauchtmarkt gesucht sind.

Eine ältere Frau hat uns vor Kurzem eine *Eudora* gespendet. Nicht deshalb, weil sie ein neues Gerät gekauft hätte, sondern, weil sie wegen ihrer Übersiedlung in ein Altenheim gar keine Waschmaschine mehr brauchte. Wir konnten uns von dem Gerät, mit dem sie fünfzig Jahre lang problemlos Wäsche gewaschen hat, nicht trennen, das heißt, wir haben es nicht verkauft. Die alte, völlig intakte *Eudora* wurde unser Maskottchen. Sie steht als Symbol dafür, was Technik kann, wenn sie will, in unserem Schauraum, und wir zeigen sie unseren Besuchern, den Studenten und Schülergruppen, oder Belegschaften bei Betriebsausflügen.

Irgendwann übersiedelte die gesamte Produktionsanlage der Waschmaschine, der dort niedrigen Lohnkosten wegen, von Österreich nach Tschechien. Das hätte nicht bedeuten müssen, dass die Qualität leiden würde, was *Eudora* auch mit dem Modell *Babynova* bewies. Diese Waschmaschine ist nach wie vor ein stabiles und zweckmäßiges Gerät, das allen Kriterien für Langlebigkeit und reparaturfreundlichem Design entspricht und das ich gerne empfehle. Doch die Markenrechte an *Eudora* wechselten den Besitzer, und der neue hatte rasch Ideen, wie er seine dafür notwendigen Investitionen

Die mehr als fünfzig Jahre alte Eudora-Waschmaschine in unserem Schauraum würde in Betrieb noch länger halten als jede neue Billigwaschmaschine.

wieder hereinspielen konnte. Der Mann, der aus dem Vertrieb kam und deshalb wusste, wie Kunden verführbar sind, bestellte bei einem italienischen Hersteller eine Charge von Billigwaschmaschinen und versah sie mit der Markenbezeichnung *Eudora.* Das war kein Betrug, sondern er tat das völlig rechtmäßig. Als Eigentümer der Marke hätte er genauso rechtmäßig *Eudora*-Katzenfutter auf den Markt bringen können, wenn ihm danach gewesen wäre.

Mit den italienischen Billig-*Eudoras* kam er mit der Diskont-Handelskette *Hofer,* der österreichischen *Aldi*-Tochter, ins Geschäft. Markenware bei der Billigkette und dem gemäß zum Billigpreis, das war doch was. *Hofer* bewarb die Aktion groß in den Flugblättern und die Kunden kauften.

Logischerweise wohnt selbst dem besten Markennamen kein Zauber inne, der ein Gerät, auf dem er steht, automatisch zu einem guten macht. Das läuft umgekehrt. Ein Markenname wird durch gute Produkte gut, und hier hatte ein Geschäftemacher einen guten Namen für schnelles Geld verkauft. Die Folge: massenhaft Reklamationen.

Wie gesagt: Rechtmäßig war das Ganze. Niemand hätte den Markeneigentümer oder gar *Hofer* verklagen können, beziehungsweise damit vor Gericht eine Chance gehabt. Eine Lüge war es trotzdem, eine Werbe- und Marketinglüge, auf die tausende Kunden hereinfielen.

Ich gehöre zweifellos zu den Menschen, die in Sachen Kapitalismus rasch dem Lager der Kritiker dieses Wirtschaftssystems zugeordnet werden, noch lange bevor ich überhaupt ein Wort darüber verloren habe. Dabei will ich den Kapitalismus gar nicht verurteilen. Als es nach dem Zweiten Weltkrieg in Europa am Nötigsten mangelte, war er es, der uns den Wohlstand und das gute Leben zurückbrachte. Der Kapitalismus brachte die Massenproduktion hervor, und die sorgte dafür, dass es Waschmaschinen, Kühlschränke, Fernseher und Autos für alle gab. Der Kapitalismus war damals ein Segen.

Für den Kapitalismus war umgekehrt der Mangel an allem ein Segen. Wie kein anderes Wirtschaftssystem bildet er das Bedürfnis der Menschen, die nichts haben, nach etwas, und das Bedürfnis jener, die etwas haben, nach mehr ab. Als ein nicht auf dem Sein, sondern auf dem Haben basierendes System liegt dieses Bedürfnis, das sich positiv als Wunsch nach Wachstum und negativ als Oberflächlichkeit und Habsucht interpretieren lässt, quasi in den Genen des Kapitalismus.

Genau deshalb bekam der Kapitalismus in den 1960er-Jahren, und in den USA sogar schon früher, ein Problem. Damals zeigten die Konsumgütermärkte erste Sättigungserscheinungen. Die bis dahin exponentiell steigende Nachfrage nach Waschmaschinen, Kühlschränken, Fernsehern und Autos pendelte sich auf ein überschaubares Maß ein. Die Menschen, die diese Konsumgüter wollten, und sie sich auch leisten konnten, hatten sie nun. Die Lebensdauer der Geräte war lang. Wenn etwas kaputt ging, gab es immer jemanden, der es reparieren konnte, und die Innovationszyklen folgten noch gemächlich aufeinander.

Um weiter wachsen zu können, mussten sich die Märkte ab den 1960er-Jahren von nachfrageorientierten, die Konsumbedürfnisse von Menschen bedienten, zu angebotsorientierten, die Konsumbedürfnisse erst künstlich schufen, wandeln. Womit die Werbung zu einem der Herzstücke des Kapitalismus wurde.

Um den Kapitalismus am Leben zu erhalten, eignete sich die Werbung Fertigkeiten an, die über das zielgruppengerechte Hervorheben bestimmter Produkte gegenüber vergleichbaren der Konkurrenz bei weitem hinausgingen. Damit Menschen Dinge kauften, die sie gerade noch weder brauchten noch haben wollten, musste die Werbung die Fähigkeit zur Manipulation erlangen, womit sie sich auf das weite und tiefe Feld der Psychologie begab.

Es ist wohl kein Zufall, dass ausgerechnet ein Neffe Sigmund Freuds zum »Vater der Public Relations« wurde. In den 1920er-Jahren nutzte Edward Bernays als einer der Ersten die tiefenpsychologischen Erkenntnisse seines Onkels, um die Massen zu beeinflussen. Sein Ziel war dabei natürlich nicht die Heilung von Geist und Seele. Er wollte vielmehr die Absätze seiner Auftraggeber steigern, zum Beispiel die von *Lucky Strike* für die *American Tobacco Company*.

Im Fall der Zigarettenmarke ließ er in der Geburtsstunde der Werbepsychologie erahnen, was die in Zukunft alles können würde. Denn bloß damit ein Hersteller mehr seiner Glimmstängel loswerden konnte, etablierte er in den USA das Bild der rauchenden Frau als Rebellin, das uns noch heute vertraut ist.

Er nützte dabei seine guten Verbindungen in die Frauenrechtsbewegung. Während einer Oster-Parade in New York ließ er eine Gruppe von Frauen die Fifth Avenue entlanggehen, von denen jede eine *Lucky Strike* wie eine Fackel der Freiheit in der Hand hielt. Was eine Frau zu tun hatte, die mit ihrer etablierten Geschlechterrolle haderte, war damit klar. Sie musste rauchen, und zwar am besten *Lucky Strike*. In Wirklichkeit brachte ihr das auch nicht mehr als ein erhöhtes Risiko für Raucherlunge und Zahnfleischschwund, doch dank Werbepsychologie konnte sie das gute Gefühl haben, ein Signal zu setzen.

Die Techniken der Werbepsychologie haben sich inzwischen weiterentwickelt. In keine Sparte der Psychologie fließen so viele Gelder wie in diese.

Wir glauben vielleicht, dass wir konsumieren, was wir konsumieren, weil wir es wollen. Das stimmt vielleicht sogar – bloß, warum wir es wollen, wissen wir nicht.

Unser Konsumverhalten ist in weiten Bereichen ein Produkt von Marketingstrategen, das Werbepsychologen als unseren eigenen Wunsch in unseren Köpfen etabliert haben.

Dass wir überhaupt konsumieren und welche Rolle das in unserem Leben spielt, gehört auch dazu. Werbepsychologen waren es, die Einkaufen zu unserer Therapie für alles gemacht haben, weil wir seit unseren Kindheitstagen hören, sehen und lesen, wie gut es uns tut. Wenn die Werbung Konsumbedürfnisse in uns weckt, die wir davor nie hatten, fühlt sich das wie eine Selbsterkenntnis an, und was wir dabei vermeintlich erwerben, sind fundamentale Dinge wie Freiheit, Liebe, Glück, Geborgenheit und Gesundheit.

Jeden Tag fluten 5.000 Werbebotschaften auf uns ein, die uns erzählen, welche tollen Produkte wir unbedingt haben müssen, damit es uns gut geht. 5.000 Mal am Tag nehmen wir, bewusst oder unbewusst, diese Botschaften wahr. Dann ist es auf einmal wieder Zeit für einen neuen Fernseher, einen neuen Laptop oder ein neues Navi. Damit wir mit dem Konsumieren nachkommen, müssen wir immer mehr wegwerfen und damit Platz für Neues machen.

Wenn uns jemand danach fragt, wissen wir recht genau, was wir von Werbung zu halten haben. Nicht viel. Jemand will uns ein Produkt verkaufen, und dass er es beschönigt und uns lediglich seine Vorteile nennt, ist uns klar. Dass uns Werbebotschaften durch ihre schiere Allgegenwart trotzdem prägen, ist uns dabei weniger klar. Und wenn, denken wir, wird auch das nicht so schlimm sein. Denn, dass uns die Fernsehwerbung, die Zeitungsinserate und die Online-Kampagnen glatte Lügen erzählen, das glauben wir auch wieder nicht.

Dabei ist es so wie bei dem Deal zwischen *Eudora* und *Hofer*: Rechtmäßig ist das alles, und in kaum einem Fall hätten Konsumentenschutzorganisationen oder Kunden selbst eine Chance, einen Hersteller oder eine Handelskette erfolgreich zu verklagen. Verarsche ist es dennoch.

> *Ein nennenswerter Teil der 5.000 Werbebotschaften, die uns täglich erreichen, sind Lügen: Werbe- und Marketinglügen, ohne die der Kapitalismus anscheinend nicht mehr funktionieren würde, weil ohne sie in gesättigten Märkten die Nachfrage zum Erliegen käme.*

Einige dieser Werbe- und Marketinglügen sind platt wie im Falle der *Eudora*, andere sind raffiniert und tiefenpsychologisch geradezu genial. So zum Beispiel der Werbespruch »So muss Technik« der Elektro-Kette *Saturn*, die einst schon mit »Geiz ist geil« aufgefallen ist.

In der öffentlichen Diskussion polarisiert der Spruch vor allem wegen seiner Anleihen am »Türkendeutsch« – eines im urbanen Raum durch das Aufeinandertreffen von Türken und Deutschen entstandenen Jugendslangs, der bestimmte, für das Verständnis eines Satzes nicht unbedingt erforderliche Partikel, weglässt. Das ist aber nicht das eigentliche Problem. Wenn *Saturn* die Zielgruppe, die diesen Slang spricht oder cool findet, durch eine spezielle sprachliche Akzentuierung erreichen will, dann soll das so sein.

Das eigentliche Problem mit dem Slogan besteht darin, dass sich *Saturn* damit eine genetische Programmierung zunutze macht, die wir Menschen offenbar haben. Ich bin kein Genetiker und auch kein Psychologe, aber es ist offensichtlich, dass wir auf technischen Fortschritt ebenso automatisch positiv reagieren, wie auf bestimmte Pheromone, die einst die Evolution erfunden hat, um uns dem anderen Geschlecht näher zu bringen. Technischer Fortschritt ist ein Bedürfnis, das sich viele von uns gar nicht bewusst machen.

Es hat wohl damit zu tun, dass wir generell an Neuem interessiert sind, die Evolution ja auch von ihrem Konzept her auf Fortschritt aufbaut und technischer Fortschritt eine besonders sympathische Form davon ist. Wir müssen dafür weder schwitzen noch leiden, er vereinfacht unser Leben und bringt auch noch Prestige.

Dann gehen wir eben, fast wie ferngesteuert, zu *Saturn*, weil irgendetwas in uns glaubt, dass diese Elektro-Kette tatsächlich unser Bedürfnis nach technischem Fortschritt befriedigen kann. In Wirklichkeit können das solche Ketten natürlich nicht. Ihr hauptsächlicher Sinn besteht darin, uns Produkte zu verkaufen, die wir nicht brauchen, die, damit wir das auch regelmäßig tun, Sollbruchstellen eingebaut haben. Dies geschieht mithilfe eines Verkaufspersonals, das von Technik, Langlebigkeit oder Reparierbarkeit keine Ahnung hat und im besten Fall den Inhalt der Prospekte auswendig kann.

Wer das überprüfen will, kann zum Beispiel einen *Saturn*-Verkäufer fragen, welche Waschmaschine einen Kunststoff- und welche einen Edelstahllaugenbottich eingebaut hat, und was der Unterschied zwischen beiden ist. Echte technische Fortschritte sind, außer vielleicht bei Handys und Fernsehern, rar, schon gar nicht liefern Ketten wie *Saturn* sie ständig, wie dieser Werbespruch suggeriert.

So hat sich etwa bei den Waschmaschinen seit dem Baujahr jener Uralt-*Eudora* in den 1960er-Jahren, die jetzt als Maskottchen in unserem Schauraum steht, technisch praktisch nichts geändert. Davor haben Menschen die Wäsche in großen Bottichen gekocht und darin mit Holzlöffeln umgerührt, dazu gab es Bürsten und Waschrumpeln, wovon letztere nur noch bestimmten Bands unter Zuhilfenahme von Fingerhüten als Rhythmusinstrumente dienen.

Für die Erfindung der Waschmaschine hätte der Spruch »So muss Technik« zweifellos seine Berechtigung gehabt, doch alle vermeintlichen technischen Fortschritte danach verdienten diese Bezeichnung nicht. Sie waren bestenfalls Facelifts, von denen die jüngsten uns genbedingt zu *Saturn* pilgernden Konsumenten eher geschadet als genutzt haben. Denn die Waschmaschinen, die mit ihren vielen Lichteffekten und großen Displays strahlen wie »Christbäume«, werden nur leichter kaputt und sorgen mit ihrer bevormundenden Technik dafür, dass wir allmählich verblöden (siehe auch das Kapitel »Die Innovationslüge«).

Selbst die nennenswerteste Veränderung des neben Wasser auf Zeit, Waschmittel, Temperatur und einer sich drehenden Trommel beruhenden Urkonzepts Waschmaschine liegt schon fast fünfzig Jahre zurück. Damals begannen die Hersteller, sogenannte Stabilisatoren einzubauen. Das sind Gewichte, bei günstigen Modellen aus Beton, bei teureren aus Gusseisen, die das Gerät schwerer machen. Die sorgen seither dafür, dass Waschmaschinen bei Übersiedlungen zu den ganz mühsamen Teilen gehören, dafür aber im Schleudergang nicht durch die Wohnung hopsen.

Seither gab es vermeintliche Innovationen, die keine Verbesserungen oder eben sogar Verschlechterungen brachten. So wurde das Füllvolumen größer. Bei einer Waschmaschine mit der Normgröße 60 mal 60 mal 85 Zentimeter lag es vor zehn Jahren zwischen fünf und sechs Kilogramm, heute liegt es bei einem gleich großen Gerät zwischen acht und zwölf Kilogramm. Das ist eine schon ziemlich verzweifelte Innovation, nach außen hin sichtbar durch ein größeres Bullauge – im Haushaltsbudget spürbar durch höhere Stromkosten. Denn eine größere Trommel, die nicht ganz gefüllt ist, braucht mehr Strom als eine kleine, ganz gefüllte (siehe auch nächstes Kapitel »Die Energieeffizienzlüge«)

Einer meiner Mitarbeiter erinnerte mich in diesem Zusammenhang an die Wabentechnologie, die eines Tages als große Innovation für die Innenwände der Trommeln kam. Angeblich schont sie die Kleider. Ob das stimmt oder auch nur eine Innovationslüge war, kann ich nicht sagen. Ich habe früher meine Wäsche nicht getragen, bis sie vom Waschen kaputt war, und ich tue das auch heute nicht. Ich kenne überhaupt niemanden, der das tut.

»So muss Technik« würde zum Beispiel bedeuten, dass wir bei unserem nächsten *Saturn*-Besuch in den Regalreihen eine Ultraschall-Waschmaschine vorfinden. Die Zeit wäre längst reif dafür. Ultraschallreinigungsgeräte kommen derzeit bei der Reinigung von kleinen, komplexen und feinstrukturierten Bauteilen zum Einsatz. Zum Beispiel verwenden Juweliere, Goldschmiede, Zahntechniker, Uhrmacher und Augenoptiker Ultraschallreinigungsbäder zum Reinigen ihrer Erzeugnisse.

Im Gesundheitswesen dienen sie zur Aufbereitung von chirurgischen Instrumenten, aus deren Gelenken sie effektiv und ziemlich schnell Blut- und Geweberückstände lösen. Die Automobilindustrie verwendet Ultraschallbäder zur Reinigung von Vergasern, Zündkerzen und Einspritzdüsen. Dass es theoretisch auch bei der Wäsche funktioniert, beweist seit einer Weile ein seifengroßes Ultraschallgerät namens *Dolfi*, das die Handwäsche erleichtert. Zusammen mit einem Gel ins Wasser legen und aktivieren, danach ist die Wäsche, zumindest laut den *Dolfi*-Erfindern, wieder frisch und sauber.

Warum eine Kette wie *Saturn* an einer echten Innovation wie einer Ultraschallwaschmaschine, die alle bisher bekannten Geräte mehr als ein halbes Jahrhundert alt aussehen lassen würde, nicht interessiert ist, ist auch klar. Es geht ihr eben nicht um »so muss Technik«, sondern um »so muss Umsatz«, und der läuft mit den alten Dingern vortrefflich.

Denn, wer kann sich schon gegen diese gemessenen 5.000 Werbebotschaften wehren, von denen ein Teil Freuds Nachfolger, die besten Psychologen der Welt, ausgefeilt haben? Wer kann trotzdem wie ein perfekter Homo Oeconomicus beim Einkaufen rein rationalen Gesichtspunkten folgen? Ich gebe zu: Ich nicht, obwohl ich mich seit Jahrzehnten genau mit diesen Fragen beschäftige.

Deshalb läuft es, wie es läuft: Ein paar neue Displays und Lämpchen, und schon landen wieder einige hunderttausend Geräte im Elektroschrott, und Sollbruchstellen führen dazu, dass das notfalls auch ohne Facelifts immer so weiter geht. Jede Wette, dass die marktfähigen Pläne für Ultraschallwaschmaschinen schon seit Jahren in gut versperrten Schubladen der Entwickler liegen.

Der wahre Slogan, nicht nur für *Saturn*, sondern für die meisten dieser Ketten, die Teil eines auf die Schaffung künstlicher Nachfrage durch Werbe- und Marketinglügen spezialisierten kapitalistischen Systems sind, lautet also: »So geht Kaufrausch.«

DREI. Die Reparaturlüge

Wenn bei den beliebten Autos von früher, dem VW Käfer, dem Opel Kadett oder dem 2 CV von Citroen etwas Geräusche machte, rauchte oder ausfiel, oder wenn der Wagen einfach nicht mehr ansprang, führte der erste Weg ihre Besitzer nicht unbedingt in die Werkstatt.

Sie zogen sich altes Zeug und die öligen Arbeitshandschuhe aus der Garage an, öffneten zuerst die Motorhaube und sahen als nächstes unter dem Wagen nach, wofür manche sogar eine eigene Werkstattgrube hatten. In den Fotoalben finden sich noch die Aufnahmen, auf denen unsere Väter, Onkel, Großväter und Großonkel mit Werkzeugen bewaffnet unter ihren Autos liegen. Oder davon, wie sie mit ihrer dreckigen Kluft und dem Strahlen, das ein Erfolgserlebnis beim Beheben eines technischen Problems in ihr Gesicht gezaubert hat, vor ihrem Wagen standen.

Wenn sich jetzt Männer über Autos unterhalten, ist diese Art von Erfolgserlebnissen selten ein Thema. Das Strahlen in ihren Gesichtern ist einer gewissen Resignation gewichen. »Ist ja alles nur noch Elektronik«, lautet dann der Stehsatz. Selber Handanlegen geht nicht mehr. Bei manchen Modellen lassen sich nicht einmal mehr die Lampen tauschen, weil der gesamte Scheinwerfer auszubauen ist. Die Zukunft hat uns eingeholt und der technische Fortschritt hat das »Do it yourself«-Konzept bei Autos und insgesamt bei technischen Geräten jeder Art zu Nostalgie gemacht.

Selbst reparieren, das war früher.

Mit dem im Kapitel »Die Preislüge« zur Reparatur Gesagtem, dass sich auch billige Produkte reparieren lassen würden, wenn es die Hersteller wollten, ist das Thema leider noch nicht abgehandelt. Da gibt es eine weitere große Lüge.

> *Dass wir wegen jeder Kleinigkeit den Kundendienst oder einen Servicepartner des Herstellers aufsuchen oder zu uns rufen müssen, ist weder Schicksal noch, wie der Fortschritt selbst, etwas Gutes. Es ist ebenfalls eine Lüge der Industrie, auf die wir hereingefallen sind.*

In Wirklichkeit können wir unsere technischen Geräte vor allem aus einem Grund nicht mehr selbst reparieren: Die Hersteller wollen nicht, dass wir es können. Was vor allem für jene unter uns, die zwei linke Hände haben, oder das zumindest glauben, noch gar nicht so schlimm wäre.

Viel schlimmer ist, dass die Elektro-Multis jetzt mit wachsendem Nachdruck dafür sorgen, dass überhaupt niemand mehr ihre Geräte reparieren kann, außer sie selbst. Sie schließen damit neben geschickten Hobbybastlern auch unabhängige Reparaturbetriebe als Konkurrenten um diese Dienstleistungen aus, mit dem Ziel, das Monopol auf die Reparatur ihrer Geräte zu erlangen. Sie wollen selbst bestimmen, was, wie und zu welchem Preis wieder herstellbar ist, und ob es überhaupt machbar ist.

Um dieses Ziel zu erreichen, setzen sie auch gerne auf Elektronik. So reparierte einer unserer Außendienstmitarbeiter einmal eine Waschmaschine bei einem Kunden, um hinterher festzustellen, dass er ohne die richtige Software den Fehlercode im System nicht löschen konnte. Der Code redete der inzwischen wieder intakten Waschmaschine weiterhin ein, sie sei kaputt, weshalb sie ihren Dienst weiterhin verweigerte. Am Ende musste der Kundendienst des Herstellers anrücken, nur um mit ein paar Klicks am Laptop diese Verschlüsselung zu deaktivieren.

Mittlerweile sind die meisten Haushaltsgroßgeräte mit Software ausgestattet, die bei einer Fehlermeldung den Betrieb unmöglich machen. Und natürlich enthalten die Elektro-Multis ihre Software unabhängigen Betrieben vor.

Die Elektro-Multis haben die Wiederaktivierung von Elektrogeräten damit zum Teil ihrer Marketingstrategie gemacht. Dabei verfolgen sie drei Ziele:

ZIEL EINS. Die Reparatur im Vergleich zum Neukauf so unattraktiv wie möglich machen.

ZIEL ZWEI. Aus uns, wenn wir uns trotzdem für die Reparatur entscheiden, möglichst viel herausholen.

ZIEL DREI. Den eigenen Aufwand bei der Reparatur möglichst gering halten.

Der wichtigste Punkt ist der erste. Die Elektro-Multis wollen möglichst vielen Kunden diesen Satz sagen können, den ich einst zu hören bekam, als ein harmloser Schlauch meines Geschirrspülers verstopft war: »Das zahlt sich nicht mehr aus.«

Um Reparaturen im Vergleich zum Neukauf möglichst unattraktiv zu machen, nerven sie uns mit langen Wartezeiten und anderen organisatorischen Erschwernissen. Und sie sorgen dafür, dass sich die Preise für diese Tätigkeit für uns knapp diesseits oder knapp jenseits der Grenze der Rentabilität bewegen.

Dann bringen wir nach diversen Internetrecherchen, Nachfragen bei unmotivierten Elektromarktverkäufern und Anrufen, womöglich bei Bezahl-Hotlines, unser Gerät in ein Servicezentrum oder ein Servicemann kommt zu uns. »Wenn das so ist, dann lasse ich es lieber«, sagen wir nach Abwägung aller Informationen, die der scheinbar wohlmeinende Handwerker uns gibt. Unversehens befinden wir uns in einem Verkaufsgespräch, ohne uns dessen richtig bewusst zu sein. Reparieren? Das ist doch etwas für Blöde, erfahren wir, und zu den Blöden wollen wir schließlich nicht gehören. Oder?

Die Elektro-Multis unterwandern unsere Reparaturbedürfnisse nicht nur durch unwirtschaftliche Preise. Sie haben allerhand Tricks auf Lager, um uns als Konsumenten davon abzuhalten – zum Beispiel den, ihre Geräte so zu bauen, dass ambitionierte Hobbybastler oder unabhängige Handwerker bei dem Versuch schließlich resignieren.

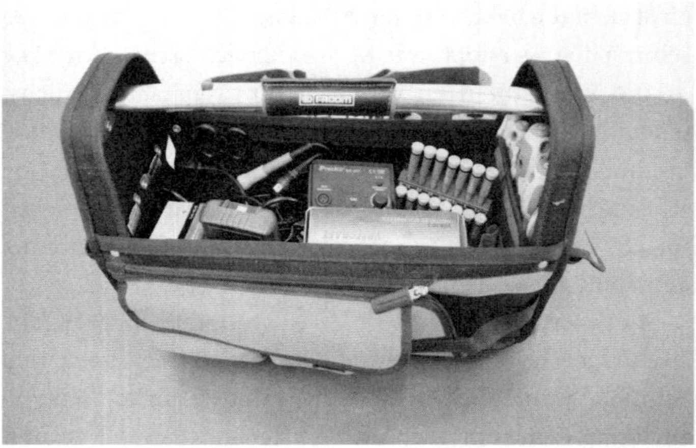

Die Elektro-Multis müssten bei der Entwicklung ihrer Geräte theoretisch die Bedürfnisse von Handwerkern, die sie einmal reparieren werden, kennen und berücksichtigen. Sie müssten sich die möglichen Defekte überlegen und dafür sorgen, dass sie mit geringem Aufwand und der typischen Ausrüstung eines solchen Handwerkers zu beheben sind.

Dabei müssten sie bestimmten Prinzipien folgen, die sich in diesem Bereich über Jahrzehnte etabliert haben. Sie wissen ja, wie Reparateure funktionieren. Ein Handwerker, der seit zwanzig Jahren Waschmaschinen repariert, hat bestimmte Erwartungshaltungen, wo die Schrauben sind, was ein blinkendes Display bedeutet, wann sich eine Reparatur auszahlt und wann nicht mehr. Die Elektro-Multis kennen diese Bedürfnisse und Erwartungshaltungen sogar und reagieren auch darauf, letzteres aber genau andersherum, als wir uns das wünschen würden. Sie sorgen dafür, dass jeder noch so erfahrene Bastler oder Handwerker irgendwann die Welt nicht mehr versteht.

Alte Waschmaschinen, zum Beispiel, haben an der Vorderseite noch Schrauben – eine in der Nähe des Bullauges, eine an der Innenseite der Waschmittellade und möglicherweise noch ein paar weitere, die immer gut erkennbar sind. Bei modernen Waschmaschinen sind die Schrauben eher versteckt oder es gibt sie gar nicht mehr. Das ist eine Entwicklung, die alle elektrischen Geräte betrifft. Die Oberflächen werden immer glatter und die Schrauben verschwinden.

Statt Schrauben haben die neuen Geräte, wenn die Gehäuse nicht überhaupt verklebt sind, Häkchen, die Handwerker erst einmal finden müssen, und die dann auch noch leicht abreißen. Es finden sich auch Nieten darauf, die wir aufbohren müssen, um sie hinterher erst recht durch Schrauben zu ersetzen.

So ein Häkchen- und Nieten-Gerät auseinanderzunehmen, kann selbst für ausgewiesene Fachleute, die täglich damit umgehen, immer wieder eine neue Herausforderung sein. Bei Tests müssen wir das erste Gerät eines Typs manchmal aufbrechen, um es uns von innen anzusehen. Erst so lernen wir zu verstehen, wie es sich theoretisch ohne Gewaltanwendung öffnen ließe. Selbst im Wissen um die Öffnungstricks reißt dabei schon einmal ein Kabel, oder ein Plastik-Bauteil bricht ab.

Wir fragten bei einem unserer Waschmaschinentests einmal nach Bauplänen, die im Fachjargon als »Explosionszeichnungen« bekannt sind, weil die Teile darauf so gezeichnet sind, als würden sie wie bei einer Explosion vom Mittelpunkt des Gerätes wegfliegen. Bei unseren Nachforschungen landeten wir gewöhnlich in der Warteschleife und bekamen Vertröstungen zu hören. Mails blieben unbeantwortet, oder es kamen Antworten, die uns nicht weiterhalfen.

Dabei existieren solche Unterlagen sehr wohl. Einmal bekamen wir nach besonders hartnäckigem Drängen eine außergewöhnlich detaillierte Planzeichnung mit vielen Reparaturanweisungen, von der sich hinterher genau wie bei der schwarz auf gelb geschriebenen Liste allerdings herausstellte, dass sie der offenbar besonders eifrige Mitarbeiter gar nicht hätte weitergeben dürfen.

»Ich frage mal nach«, ist die häufigste Antwort in den Callcentern, die teils ein paar tausend Kilometer von der Zentrale des jeweiligen Elektro-Multis entfernt liegen, und dann hören wir nie wieder etwas. Oder wir kriegen die Bedienungsanleitung geschickt, die wir ohnedies schon hatten.

Reparaturen verhindern die Elektro-Multis manchmal schlicht und einfach dadurch, dass sie, obwohl sie auf den ersten Blick manchmal sogar einfach aussehen, gar nicht möglich sind, oder indem Ersatzteile, die es dafür brauchen würde, nicht lieferbar sind. Auch das gibt es bei allen Gerätekategorien. Ein besonders offensichtliches Beispiel dafür sind die Plastikräder bei Staubsaugern.

Wir achten beim Kauf eines neuen Staubsaugers logischerweise auf die Saugleistung, die Zusatzbürsten, die Verfügbarkeit der Beutel und vielleicht noch auf die Farbe des Gehäuses, aber wohl kaum auf die Qualität der Räder. Wir achten nicht darauf, wie stabil diese Räder sind und ob sie sich gegebenenfalls austauschen ließen. Schon gar nicht fragen wir nach, ob der Hersteller Ersatzräder auf Lager hätte.

Wenn dann so ein Plastikrad bricht, haben wir bei vielen Modellen ein Problem. Wollen wir beim Saubermachen unseren Staubsauger künftig nicht durch die Wohnung tragen und hinterher den Physiotherapeuten konsultieren, müssen wir wegen eines einzelnen Rades einen neuen Staubsauger kaufen. Denn wir stellen vielleicht fest, dass sich das Rad entweder nicht tauschen lässt, weil die Einrastverbindung nur für das Aufstecken und nicht für das Abnehmen gedacht ist, oder dass es sich zwar tauschen lässt, der Hersteller aber keine Ersatzräder anbietet.

Wenn überhaupt, gibt es die Räder bei vielen Modellen nur zusammen mit der gesamten Bodenplatte. Aber die kostet dann auch wieder gleich halb so viel wie ein neuer Staubsauger, die Kosten für die Arbeitszeit noch gar nicht mitgerechnet.

Als ich einmal einen Staubsaugerhersteller wegen Ersatzrädern kontaktierte, schickte mir das Serviceteam eine Liste mit Accessoires wie Spezialbürsten und Verlängerungen für den Schlauch. Wer dann noch einmal nachfragt, darf sich als unverbesserlicher Querulant fühlen, der scheinbar mit der modernen Welt nicht zurechtkommt.

Wir denken in so einem Fall vielleicht, dass wir es selbst versaut haben, wir hätten eben pfleglicher mit unserem Staubsauger umgehen müssen. Dabei brauchen wir uns in Wirklichkeit diese Vorwürfe nicht zu machen. Wir sind nicht schuld daran, und die Kinder waren es auch nicht. Wir haben, zumindest im Hinblick auf diese Räder, in unserem Leben höchstwahrscheinlich alles richtig gemacht. Bloß wollte der Hersteller des Staubsaugers wahrscheinlich, dass eins davon bricht. Dies nur zu Erinnerung daran, dass die geplante Obsoleszenz keine Verschwörungstheorie ist. Abbrechende Staubsaugerräder, die sich aus technischen Gründen oder aus Gründen fehlender Ersatzräder nicht tauschen lassen, sind ein Beispiel für geplante Obsoleszenz in Reinkultur.

Ob die Reparatur des Staubsaugers an feststeckenden oder an nicht lieferbaren Rädern scheitert, hängt am Ende bloß vom Geschmack des Herstellers ab. Was zählt, ist das Ergebnis, und das besteht wie gesagt darin, dass oft bloß wegen der Räder der ganze Staubsauger samt Motor, Gehäuse, Beutelkammer, Schlauch und Düsen weg muss. Wenn wir nicht bald begreifen, dass derlei glatter Betrug ist und uns dagegen zu wehren anfangen, wird uns die Industrie schließlich so weit haben, dass wir den ganzen Staubsauger wegwerfen, wenn der Beutel voll ist.

Bei Kleingeräten mit Akkus sind wir schon fast so weit.

Die fest verbauten Akkus, die sich gar nicht oder nur bei Einschicken des Gerätes mit wochenlangen

Wartezeiten und hohen Kosten tauschen lassen, sind nichts weiter als ein übler Trick.

Akkus austauschbar zu machen, wie sie es einmal ganz selbstverständlich waren, würde keine entscheidenden Mehrkosten und keine technischen Nachteile bringen. Ihr fester Verbau hat keinen anderen Sinn, als uns als Besitzer eines Handys oder eines Tablets mit ausgedientem Akku vom Tausch zum Kauf umzulenken. Oder würde jemand glauben, dass *Apple* bei Handys, die 600 oder sogar 900 Euro kosten, im Sinne der Kunden die paar Cent für einen austauschbaren Akku sparen möchte? Und weil es ein gutes Geschäft ist, die Lebensdauer ganzer Geräte von einem Verschleißteil abhängig zu machen, sind andere Hersteller schon nachgefolgt. Obwohl bei strenger Auslegung der Batterien-Verordnungen in Deutschland und Österreich fest verbaute Akkus eigentlich sogar illegal sind.

Die Elektro-Multis haben uns einfach auf dieses System umerzogen, wir haben es akzeptiert und werfen zu einem wirtschaftlich relevanten Prozentsatz das ganze Gerät weg, wenn das Verschleißteil Akku den Geist aufgibt. Voll funktionstüchtige Geräte, deren elektronische Teile Mineralien und Metalle aus 3.000 Metern unter der Erdoberfläche enthalten, landen im Müll. Das ist in etwa so, als würden wir unsere Autos verschrotten lassen, wenn die Reifen abgefahren sind.

Nicht nur bei Handys und Tablets, sondern auch bei Laptops, MP3-Playern, elektrischen Zahnbürsten und überhaupt immer mehr Kleingeräten wenden die Hersteller den Akku- Trick an. Sie sorgen dafür, dass nicht einmal mehr Technikfreaks oder kleine Reparaturbetriebe solche Akkus tauschen können, indem sie für diesen Routinevorgang frech mehrere tausend Euro teures Spezialwerkzeug samt einer Menge Fachwissen zur Voraussetzung machen und so tun, als ginge es nicht mehr anders. Was natürlich blanker Unfug ist. Nach wie vor ließen sich Akkus genauso flexibel einbauen, wie es die Elektro-Multis viele Produktgenerationen lang getan haben.

Im Grunde ebenso leicht durchschaubar wie der Trick mit den Akkus, und aus Sicht der Elektro-Multis bei Erreichen ihrer fragwürdigen Ziele ebenso effektiv, ist der mit den Bauteilen. Ich will ihn anhand der bereits erwähnten Platinen erklären. In einer wachsenden Zahl von Geräten lässt sich die Platine, also die Platte, auf der die elektronischen Bestandteile wie die Elkos versammelt sind, wie gesagt nicht mehr reparieren, sondern nur noch ganz tauschen. Was auch deshalb erwähnenswert ist, weil die elektronischen Bauteile besonders anfällig sind.

Oft wäre so ein Elektronikdefekt wie bei einem geplatzten Elko – auch das habe ich bereits beschrieben – mit ein bisschen Löten behoben. Bloß kann der Handwerker beim besten Willen nichts machen, weil die Platine zum Beispiel mit Kunstharz beschichtet ist und er deshalb nicht an die zu lötende Stelle herankommt, ohne den Kunstharz-Spritzwasserschutz zu verletzen. Ist dann ein harmloser, auf der Platine verbauter Elko geplatzt, der wie gesagt im äußersten Fall 1,50 Euro kostet, müssten wir Reparateure die ganze Platine tauschen, die für eine Waschmaschine 100 bis 200 Euro kostet. Ein Witz, oder? Leider nicht.

> *Seit einigen Jahren schon wenden die Elektro-Multis den Bauteil-Trick an, und zwar mit wachsender Begeisterung und Raffinesse. Er funktioniert nach dem Dreh: Wenn die Nachbarskinder den Fußball in deine Terrassentür geschossen haben und die Scheibe einen Sprung hat, dann baue doch bitte eine neue Terrassentür ein. Die können wir, ups, leider nur mitsamt einer neuen Terrasse und einem neuen Wohnzimmer liefern, aber sei froh, dass du kein neues Haus brauchst.*

Reparieren wird für uns Konsumenten durch die Bauteile teurer und für die Elektro-Multis ein besseres Geschäft, weil sie dadurch erstens mehr mit den Ersatzteilen verdienen und zweitens ihr logistischer Aufwand für jahrelanges Lagern von Schrauben, Plättchen, Federn oder Schläuchen sinkt. Sie können die Lager für all den Kleinkram zum Teil schließen und das dafür nötige Personal abbauen.

Ich habe diese Bauteile-Politik einmal einer jungen Frau, die sich bei uns im *Reparatur- und Servicezentrum* um einen Job bewarb, anhand der erwähnten so genannten Reibungsstoßdämpfer aus Plastik, Schaumgummi und Fett von Billigwaschmaschinen erklärt. Bei uns im Verkaufsraum stehen die

Innenleben zweier Waschmaschinen zur Ansicht – das einer Billigwaschmaschine mit Plastiklaugenbottich und das einer Waschmaschine mit Edelstahlbottich. Ich fragte sie, ob sie den Unterschied erkennt.

Sie deutete auf den Edelstahlbottich. »Der ist halt von einem älteren Modell, oder?«, sagte sie.

»Der Unterschied ist eigentlich nicht alt oder neu, sondern gut oder schlecht, wobei das eine viel mit dem anderen zu tun hat«, sagte ich. »Die alten Geräte sind meist noch besser gebaut. Eine gute Waschmaschine erkennen Sie jedenfalls am Edelstahlbottich.« Ich tippte auf den Plastikbottich daneben. »Dieser hier kommt aus einer Wegwerfwaschmaschine.«

»Wegwerfwaschmaschine? Der Kunststoffbottich wird leicht kaputt?«

Ich erklärte ihr, dass es eben nicht am Bottich liegt, und dass vielmehr bei solchen Billigwaschmaschinen zuerst die Stoßdämpfer kaputt werden und diese kaputten Stoßdämpfer dann das Lager der Waschmaschine zerstören.

Sie muss von all den Informationen, mit denen ich sie in der vergangenen Stunde überflutet hatte, schon etwas erschöpft gewesen sein, aber sie dachte noch mit. »Dann wäre es doch das Beste, die Stoßdämpfer zu tauschen, bevor sie das Lager zerstören«, sagte sie.

Damit hatte sie natürlich ganz Recht, aber leider nur in der Theorie. Ein defekter Stoßdämpfer ließe sich sogar relativ leicht zu einem vernünftigen Preis tauschen. Doch in der

Praxis bauen die Elektro-Multis zwei Fallen ein, um diese so einfache Lösung eines Problems zu verhindern.

FALLE EINS: Kein Mensch merkt es, wenn in einer billigen Wegwerfwaschmaschine der Stoßdämpfer den Geist aufgegeben hat. Obwohl es in modernen Geräten von Elektronik nur so wimmelt und es für alles und jedes ein Lämpchen oder Lichtchen gibt, warnt kein Leuchten oder Blinken vor kaputten Stoßdämpfern. Stattdessen fängt nun das Lager die Unwucht ab, und zwar so lange, bis es ebenfalls kaputt ist. Erst wenn das Lager kaputt ist, merkt der Besitzer der Waschmaschine, dass etwas nicht stimmt. Wenn er die Waschmaschine eingeschaltet und sich nebenan auf das Sofa gelegt hat, hört er selbst im Wohnzimmer nach einiger Zeit das laute, klopfende Geräusch beim Schleudern.

FALLE ZWEI: Selbst wenn so ein Waschmaschinenbesitzer erkennen würde, dass das Lager kaputt ist, hat er keine Chance. Denn da kommt die Bauteil-Politik der Hersteller ins Spiel. Das Lager ist fest mit dem Bottich verbunden, sodass es selbst der geschickteste Handwerker nicht ersetzen könnte.

Das heißt: Zunächst werden unbemerkt die Stoßdämpfer und in der Folge das Lager kaputt, aber tauschen muss der Besitzer der Waschmaschine das ganze Bauteil, bestehend aus Bottich, Trommel und Lager, also gut und gerne die halbe Waschmaschine.

Kaputt wäre bloß das Lager der Waschmaschine, aber ihr Hersteller zwingt uns, dieses ganze Bauteil zu tauschen.

Wenn dann ein auf der Gehaltsliste oder unter Vertrag des Herstellers stehender Servicetechniker seinen Lieblingsspruch »zahlt sich nicht mehr aus« sagt, hat er in den meisten Fällen sogar Recht. Denn dieses Bauteil, auch Wascheinheit genannt, kostet 150 bis 300 Euro. Dazu kommt noch die Arbeitszeit. Die Arbeit ist aufwändig, weshalb für den Tausch der Einheit etwa zwei Stunden zu je 120 Euro anfallen. Womit die Reparatur eines Lagers zum Beispiel bei einer 300-Euro-Waschmaschine bis zu 540 Euro kosten kann.

Wie die meisten unserer Besucher, denen ich dieses Problem schon erklärt habe, war auch die junge Frau entrüstet und konnte kaum glauben, dass die Elektro-Multis mit solchen Machenschaften arbeiten und dann auch noch damit durchkommen.

»Wir denken einfach zu wenig über diese Dinge nach«, sagte ich. »Dabei kosten sie uns wahrscheinlich mehr Geld als die laufende Inflation.«

»Es rechnet ja auch niemand damit, dass Firmen mit Markennamen, die jeder aus der Werbung kennt, so etwas machen«, sagte sie.

Bei einer Waschmaschine mit Edelstahlbottich in unserem Schauraum, einem Modell aus dem Jahr 1999, sind natürlich alle genannten Bauteile aus Metall und lassen sich unabhängig voneinander tauschen. »Dann ist ja eigentlich eine gebrauchte, alte Waschmaschine viel wertvoller und vernünftiger als eine neue aus der aktuellen Werbung«, sagte die junge Frau, während wir noch immer vor den beiden Wascheinheiten standen. »Oder nicht?«

Damit hatte sie ebenfalls Recht. So eine alte Waschmaschine sieht vielleicht schon ein bisschen nach Flohmarkt in Belgrad aus, aber innen verhält sie sich zu einer modernen Billigwaschmaschine, um bei den Autos zu bleiben, wie ein älterer, schwerer deutscher *Mercedes* zu einem kleinen chinesischen *Qoros*.

Ich weiß ehrlich gesagt nicht, ob bei einem *Qoros* die gesamte Windschutzscheibe samt Dach und Seitenfenstern getauscht werden müssen, wenn der Gummi der Scheibenwischer abgenützt ist, aber bei einer guten alten Waschmaschine gibt es noch kein solches Baukastensystem, bei dem immer mehrere Teile fix miteinander verbunden sind. Es lässt sich noch jedes Einzelteil extra ersetzen.

Wer besonders sparsam sein will, ordert bei so einem älteren Gerät keinen Originalersatzteil, sondern ein gutes Standardlager, das genauso robust und funktionell ist. Statt einer kompletten neuen Wascheinheit um einen dreistelligen Betrag bauen wir dann neue Lager mit einem Materialwert von 15 Euro ein. Die Reparatur ist in einem Gerät aus der Zeit vor der Bauteil-Ära damit insgesamt günstiger, etwa um 100 bis 120 Euro. Dass sie sehr viel günstiger ist, kann ich aber leider nicht sagen. Denn die Arbeit ist auch in diesem Fall aufwändig, weshalb für die Reparatur eines solchen Schadens in Summe noch immer rund 220 Euro auf der Rechnung stehen.

Dennoch ist so einer Reparatur eindeutig der Vorzug gegenüber dem Neukauf eines Billiggerätes zu geben, auch wenn aus Sicht der Elektro-Multis diese Aussage wohl ebenfalls subversiv ist. Denn die neu eingebauten alten Lager haben kein Ablaufdatum. Schon deshalb, weil die Stoßdämpfer dieser alten Waschmaschine nicht aus Plastik, Schaumgummi und Fett bestehen, sondern aus Metall. Die Waschmaschine kann gut und gerne 15 oder 20 Jahre oder sogar noch länger halten. Nach der Reparatur kann der Besitzer der alten Waschmaschine wieder auf unabsehbare Zeit waschen. Dass sie nicht so schick aussieht, dürfte nun wirklich kein Problem sein, denn wer gibt schon ausgerechnet mit seiner Waschmaschine an?

Nur noch Miele und Eudora bedienen den Markt für Qualitäts-Waschmaschinen, die in der Anschaffung spürbar mehr kosten, mittelfristig aber Geld sparen.

Selbst bei hochwertigen neuen Geräten tricksen uns die Elektro-Multis zunehmend mit ihrer Bauteil-Politik aus. Teure Waschmaschinen haben oft noch gute hydraulische Stoßdämpfer, aber ich kenne, Stand Sommer 2016, nur zwei Hersteller, die in bestimmten Modellen nach wie vor austauschbare Lager einbauen: *Miele* sowie *Eudora* bei der *Babynova*. Solche Geräte kosten dann aber gleich einmal 700 bis über 2.000 Euro. Eine neue *Eudora Babynova* für drei Kilo Wäsche gibt es ab 849 Euro, eine *Miele* für neun Kilo Wäsche kann 2.200 Euro kosten.

Wie lange *Miele* und *Eudora* den Markt für anspruchsvolle Kundschaft noch bedienen, weiß ich nicht, denn die Tendenz geht überall zu schnell, billig und absichtlich nicht reparierbar, um uns mit Wegwerfen, Neukaufen, wieder Wegwerfen und wieder Neukaufen immer schön am Zahlen zu halten.

> *Wer eine Waschmaschine oder einen Geschirrspüler aus den 1990er-Jahren hat, sollte das Gerät wie einen raren Wertgegenstand betrachten und nicht zögern, 250 Euro plus Anfahrtskosten, falls der Handwerker ins Haus kommen soll, für eine Reparatur auszugeben.*

VIER. Die Servicelüge

Wenn wir es als Besitzer eines defekten elektrischen Gerätes mit einem Servicetechniker zu tun bekommen, befinden wir uns, wie beschrieben, unversehens in einem Verkaufsgespräch, obwohl wir unser Gerät doch gerade eben noch reparieren lassen wollten. Zumindest hatten wir gehofft, dass dies möglich wäre. Doch dann steht dieser Mann da, der mit dem Firmenaufdruck auf seinem Overall und seiner dazu passenden Werkzeugtasche fast wie ein Staatsorgan wirkt, wie eine Instanz jedenfalls.

> *Wir glauben, dass ein Servicetechniker den Sinn seines Berufslebens darin sieht, in Vertretung unserer Interessen die günstigste und beste Lösung für unser Problem zu finden. Wir vertrauen ihm. Das sollten wir aber nicht.*

Viele Servicetechniker vertreten nicht unsere Interessen und suchen nicht die günstigste und sinnvollste Lösung für uns, sondern sie vertreten die Interessen des Handels und der Industrie. Sie sollen und wollen uns von der Idee der Reparatur abbringen und uns zu einem Neukauf bewegen.

Sie tun das weder, weil sie es selbst für die beste Lösung halten, noch einfach so, sondern sie tun das, weil darin ihr dezidierter oder zumindest informeller Auftrag besteht. Sie tun es zudem, weil auf die Art nicht nur die Hersteller des Gerätes, sondern auch sie selbst, über Provisionen, am besten verdienen, und sie tun es, weil sie es können. Sie lernen in regelmäßigen Verkaufsschulungen, wie sie unser Vertrauen geschickt herstellen und ausnützen, um uns in ihrem Sinne und im Sinne der Industrie zu manipulieren, und zwar so, dass wir uns dabei gut fühlen und denken, das Richtige zu tun.

Diese Leistung als »Service« anzubieten, ist wirklich Chuzpe. Der Servicemitarbeiter ist, sofern er nicht aus einem unabhängigen Reparaturbetrieb kommt, ein Handwerker mit Verkaufsabsicht. Es ist wirklich erstaunlich, dass uns die Elektro-Multis so weit bringen, für seinen Besuch auch noch Stundensätze und Anfahrtspauschalen zu bezahlen. Das ist ungefähr so, als würde uns ein Keiler, der uns an der Tür eine Versicherung andrehen will, hinterher eine Rechnung für seinen Versuch stellen.

Den Mann, der zu uns kommt, um unsere technischen Haushaltsprobleme zu beseitigen, gibt es in mehreren Varianten.

VARIANTE EINS. *Der Kundendienstmitarbeiter*. Ein für Haushaltsgroßgeräte zuständiger Kundendienstmitarbeiter von Herstellern wie *Miele, Bosch* oder *Siemens* ist ein Angestellter des Herstellers, der in seinem Dienstvertrag unterschrieben hat, dass er die Interessen des Herstellers vertreten wird. Die bestehen tendenziell darin, neue Geräte zu verkaufen. Ihm ganz und gar zu vertrauen, ist deshalb nicht ganz so heftig, aber ähnlich heftig, wie dem Türkeiler zu vertrauen, der uns eine Versicherung verkaufen will.

VARIANTE ZWEI. *Der Servicepartner.* In diesem Fall stammt der Mann aus einem unabhängigen Reparaturunternehmen, das mit dem Hersteller unseres defekten Gerätes, allenfalls auch mit einem Großhändler, eine Servicepartnerschaft eingegangen ist. In diesem Fall haben er oder sein Arbeitgeber einen Vertrag mit dem Hersteller oder einem Händler unterschrieben. In diesem Vertrag ist meist ein Prämiensystem festgehalten, das den Verkauf eines neuen Gerätes für ihn zum besseren Geschäft macht als die Reparatur des alten.

Wie solche Servicepartnerschaften im Detail aussehen, erlebe ich gerade bei meinen diesbezüglichen Verhandlungen mit *Miele*. *Miele* gehört zu jenen Unternehmen, die mitentscheiden, wer ihre Produkte reparieren darf, indem sie einen Schlüssel zur EDV nur an die von ihnen erwünschten Reparaturtechniker vergeben. Um an diesen, bei *Miele* monatlich wechselnden, Schlüssel zu gelangen, bemühte ich mich um so eine so genannte Servicepartnerschaft. Damit auch wir die Fehlercodes löschen können, die den bereits reparierten Geräten weiterhin sagen, sie seien kaputt.

Schon die erste Voraussetzung, die ich für den Abschluss so eines Vertrages erfüllen musste, machte klar, worum es hier in Wirklichkeit geht. Wenn ich Servicepartner werden wollte, musste ich auch Handelspartner von *Miele* werden. Nur reparieren geht nicht, bedeutet das. Wer reparieren will, muss auch verkaufen. *Miele* kann mich natürlich trotzdem nicht zwingen, Geräte der eigenen Marke in unser Geschäft zu stellen, doch die Richtung ist damit einmal vorgegeben.

Es folgt die Indoktrinierung. Ein Mitarbeiter meines Unternehmens musste zwei Grundschulungen bei *Miele* machen – auch das war Vertragsbestandteil. Er berichtete, dass diese Schulungen von der Tendenz her Verkaufsschulungen waren. Wie eine *Miele*-Waschmaschine zu reparieren ist, wissen Menschen wie er auch so, zumal gerade bei Waschmaschinen, wie gesagt, die Technik im Prinzip seit mehr als einem halben Jahrhundert die gleiche geblieben ist.

Vielmehr schien es darum zu gehen, die Vorzüge von *Miele*-Geräten zu lernen, um für Verkaufsgespräche gerüstet zu sein. Obwohl wir eigentlich nur den Software-Schlüssel für die Fehlercodes der Waschmaschinen haben wollten, bekam er auch die Vorzüge von Geräten vom *Miele*-Staubsauger bis zum *Miele*-Dampfgarer vorgetragen.

Gleiches gilt für die Fortbildungsveranstaltungen, die er von nun an jährlich zu absolvieren hat. Sollte er für das nächste Update des Software-Schlüssels nicht lernen wollen, warum ein *Miele*-Dampfgarer Broccoli oder Fisch viel besser bedampft als ein vergleichbares Gerät von *Philips* oder *Braun*, hätte das Konsequenzen. Wir wären vertragsbrüchig und würden unseren Status als Servicepartner wieder verlieren.

Wie viel der zu uns ins Haus kommende, perfekt im Verkauf geschulte Mann vom Reparieren versteht, ist unterschiedlich. Das hat sich bei einem Versuch gezeigt, den wir in unserem *Reparatur- und Servicezentrum*, wiederum anhand von Waschmaschinen, durchgeführt haben. Wir präparierten dafür eine Waschmaschine so, dass ihr Display unkontrol-

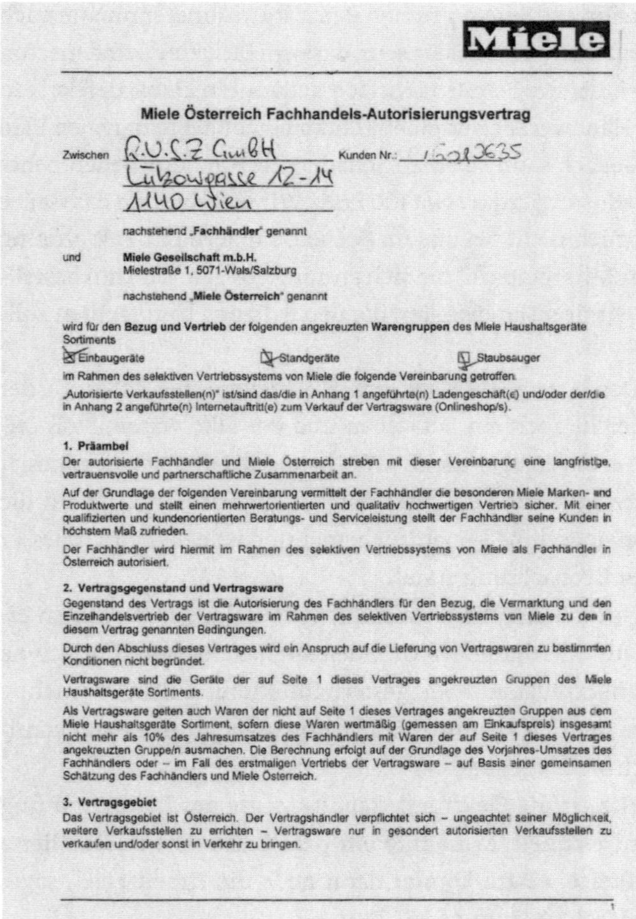

Miele

Miele Österreich Fachhandels-Autorisierungsvertrag

Zwischen R.U.S.Z GmbH Kunden Nr.: [illegible]
Lützowgasse 12-14
1140 Wien

nachstehend „**Fachhändler**" genannt

und **Miele Gesellschaft m.b.H.**
Mielestraße 1, 5071-Wals/Salzburg

nachstehend „**Miele Österreich**" genannt

wird für den **Bezug und Vertrieb** der folgenden angekreuzten **Warengruppen** des Miele Haushaltsgeräte Sortiments

☒ Einbaugeräte ☒ Standgeräte ☒ Staubsauger

im Rahmen des selektiven Vertriebssystems von Miele die folgende Vereinbarung getroffen.

„Autorisierte Verkaufsstellen(n)" ist/sind das/die in Anhang 1 angeführte(n) Ladengeschäft(e) und/oder der/die in Anhang 2 angeführte(n) Internetauftritt(e) zum Verkauf der Vertragsware (Onlineshop/s).

1. Präambel

Der autorisierte Fachhändler und Miele Österreich streben mit dieser Vereinbarung eine langfristige, vertrauensvolle und partnerschaftliche Zusammenarbeit an.

Auf der Grundlage der folgenden Vereinbarung vermittelt der Fachhändler die besonderen Miele Marken- und Produktwerte und stellt einen mehrwertorientierten und qualitativ hochwertigen Vertrieb sicher. Mit einer qualifizierten und kundenorientierten Beratungs- und Serviceleistung stellt der Fachhändler seine Kunden in höchstem Maß zufrieden.

Der Fachhändler wird hiermit im Rahmen des selektiven Vertriebssystems von Miele als Fachhändler in Österreich autorisiert.

2. Vertragsgegenstand und Vertragsware

Gegenstand des Vertrags ist die Autorisierung des Fachhändlers für den Bezug, die Vermarktung und den Einzelhandelsvertrieb der Vertragsware im Rahmen des selektiven Vertriebssystems von Miele zu den in diesem Vertrag genannten Bedingungen.

Durch den Abschluss dieses Vertrages wird ein Anspruch auf die Lieferung von Vertragswaren zu bestimmten Konditionen nicht begründet.

Vertragsware sind die Geräte der auf Seite 1 dieses Vertrages angekreuzten Gruppen des Miele Haushaltsgeräte Sortiments.

Als Vertragsware gelten auch Waren der nicht auf Seite 1 dieses Vertrages angekreuzten Gruppen aus dem Miele Haushaltsgeräte Sortiment, sofern diese Waren wertmäßig (gemessen am Einkaufspreis) insgesamt nicht mehr als 10% des Jahresumsatzes des Fachhändlers mit Waren der auf Seite 1 dieses Vertrages angekreuzten Gruppe/n ausmachen. Die Berechnung erfolgt auf der Grundlage des Vorjahres-Umsatzes des Fachhändlers oder – im Fall des erstmaligen Vertriebs der Vertragsware – auf Basis einer gemeinsamen Schätzung des Fachhändlers und Miele Österreich.

3. Vertragsgebiet

Das Vertragsgebiet ist Österreich. Der Vertragshändler verpflichtet sich – ungeachtet seiner Möglichkeit, weitere Verkaufsstellen zu errichten – Vertragsware nur in gesondert autorisierten Verkaufsstellen zu verkaufen und/oder sonst in Verkehr zu bringen.

1

Die Fachhandels-Autorisierung ist die Voraussetzung, um Servicepartner zu werden.

liert blinkte. Einem geübten Reparaturtechniker musste nach einem kurzen Blick klar sein, dass ein Elektrolytkondensator, also einer der bereits mehrfach genannten Elkos, defekt war. Ein Handwerker mit einem Lötkolben und einem neuen Elko im Gepäck kann so einen Schaden im Handumdrehen beheben. Kostenpunkt: etwa 100 Euro. Wir inszenierten das Ganze natürlich nicht bei uns im Betrieb, sondern in der Wohnung einer Mitarbeiterin, die sich ahnungslos gab. Dorthin bestellten wir drei Handwerker, die den Schaden begutachten sollten.

Der erste hatte zwar eine Werkzeugtasche dabei, in der vielleicht auch ein Lötkolben und ein Elko waren, bloß öffnete er sie erst gar nicht. »Was haben wir denn da Schönes?«, fragte er, klopfte ein bisschen mit der flachen Hand auf die Waschmaschine – natürlich nichts davon ahnend, dass er unter Beobachtung stand.

Unsere Mitarbeiterin mimte die Rolle der Besitzerin einer aus unerfindlichen Gründen streikenden Waschmaschine sehr überzeugend. »Seit gestern funktioniert sie nicht mehr«, sagte sie. »Ich habe die Wäsche hineingetan, aber dann konnte ich sie nicht starten.«

»Da ist die Elektronik kaputt«, sagte der Mann und fing an zu rechnen. Er nannte ein paar Ersatzteile und addierte die Preise. »Dazu kommt dann noch die Arbeitszeit«, sagte er. »Macht in Summe 264 Euro.«

Unser Lockvogel tat entsetzt. »Was, 264 Euro?«

»Ich kann Ihnen auch eine Neue bringen«, sagte der Mann.

»Egal, welche Marke Sie wollen. Ich habe alle.«

»Da kann man gar nichts mehr machen?«, fragte unsere Mitarbeiterin.

»Können schon, wie gesagt«, sagte der Mann. »Die Frage ist, ob Sie wollen. Wie es aussieht, zahlt sich das nicht aus.«

Der zweite Handwerker, der ahnungslos zu unserer kleinen Prüfung antrat, hatte nicht einmal eine Tasche dabei. »Was machst du beruflich?«, fragte er. »Passt es, wenn ich ‚du' sage?«

Locker plaudernd öffnete er das Bullauge der Waschmaschine und griff in die Trommel. »Die ist schon ein bisschen locker«, sagte er beiläufig.

»Aber wieso schauen Sie in die Trommel, wenn das Display blinkt?«, fragte sie.

»Das Display ist kaputt, die Trommel ist locker, das bedeutet: es zahlt sich nicht mehr aus«, sagte er. »Ich kann Ihnen eine Neue bringen, wenn Sie wollen.«

Der dritte Kandidat stellte die Ehre seines Berufsstandes wieder her. Ohne viel Geplauder schraubte er die Waschmaschine auf. »Was machen Sie denn?«, fragte die junge Frau.

»Ach, das ist nur der Elko«, antwortete er. »Das habe ich gleich.«

Er lachte nur verwundert, als wir ihn aufklärten und ihm gratulierten.

Als wir unseren ersten Kandidaten mit der Wahrheit konfrontierten und ihn fragten, warum er sich die Elektronik nicht einmal angesehen hatte, suchte er nach einer Ausrede.

»Da müsste ich ja mit der Lupe schauen, weil die Teile so klein sind«, sagte er. »Sie wissen ja, wie das ist.« Das war mir neu, aber vielleicht hatte er es ja mit den Augen. Dann scheiterte die Reparatur nicht an seiner mangelnden Bereitschaft, sondern an der fehlenden Brille.

Dem zweiten Kandidaten teilten wir mit, dass er bei unserem Test in jeder Hinsicht durchgefallen war. »Wieso?«, fragte er.

»Weil Sie nicht einmal den Fehler gefunden haben.«

»Doch klar, der Elko ist kaputt«, sagte er prompt.

»Warum haben Sie ihn dann nicht ausgetauscht?«, fragte ich ihn.

»Das habe ich früher so gemacht.«

»Und warum jetzt nicht mehr?«

»In drei bis vier Monaten wäre der nächste Elko kaputt«, sagte er. »Dann beschweren sich die Kunden, dass ich schlecht repariert habe. Wenn ich die ganze Maschine austausche, haben sie drei bis vier Jahre Ruhe.«

Dass er auch alle Elkos auf der Platine tauschen hätte können, wie wir es machen, sagte er nicht. Einen Elko aus- und einlöten dauert je zehn Sekunden und ein Elko kostet wie gesagt fast nichts.

Wissentlich einen Schaden falsch zu bewerten, mit dem Ziel, sich selbst einen Vorteil zu verschaffen, ist weder Schlamperei noch ein Kavaliersdelikt. Es ist in Wirklichkeit Betrug, zumal wenn es systematisch stattfindet.

Ich schlage den Elektro-Multis vor, ihre »Servicemitarbeiter« als das auszuweisen, was sie sind – nämlich als Verkaufspersonal mit handwerklichem Hintergrund. Außerdem appelliere ich an die Handwerker-Ehre und an die Ehrlichkeit dieser »Kundendienst- oder Servicemitarbeiter«, wobei ich nicht sicher bin, wie lange sie ihren Job behalten, wenn Sie offen und transparent arbeiten.

Schließlich empfehle ich allen Konsumenten, den Herren mit der Werkzeugtasche (Damen sind ja nach wie vor kaum dabei) mit Misstrauen zu begegnen. Die wenigsten sind auf Ihrer Seite, sondern auf der anderen.

Wobei es bei dem Mann, der zu Ihnen ins Haus kommt, immer auch die Variante drei gibt. Dann haben sie Glück gehabt. Der stammt dann von einem der unabhängigen Reparaturbetriebe, die das Ziel eint, effiziente Schadensbehebung zu betreiben, und die damit wissentlich oder unwissentlich gegen den zynischen Wegwerfwahn mit all seinen unlauteren Auswüchsen in der Beziehung zwischen Herstellern, Händlern und Konsumenten antreten.

FÜNF. Die Innovationslüge

Moderne Waschmaschinen verfügen über Sensoren mit der Aufgabe, die Wäsche zu wiegen, den Wasserverbrauch an ihr Gewicht anzupassen und so gleichzeitig den Energieverbrauch zu reduzieren. Denn je weniger Wasser die Maschine aufheizen muss, umso niedriger fällt der Stromverbrauch für den betreffenden Waschgang aus. Klingt gut. Klang damals, als es kam, nach einer vernünftigen Verbesserung der Waschmaschinen. Die Hersteller bauen einen verlässlichen und strapazierbaren Wiegemechanismus ein, der Signale an das Einlassventil sendet. Das Einlassventil erkennt die Signale und sagt, nachdem eine bestimmte Menge Wasser eingeflossen ist: Das reicht.

Es gibt die raffinierten, elektronischen Schnittstellen, die für die Kommunikation zwischen den Einzelteilen der Waschmaschine sorgen. Die sind längst keine Zauberei mehr. Die Elektro-Multis bauen sie auch ein. Trotzdem ist dieses System, so, wie es angewandt wird, in Wirklichkeit nur eine dürftige Rechtfertigung dafür, dass die Elektro-Multis die vermeintlich tolle Funktion in ihren Prospekten verkünden können.

Es scheitert schon einmal an etwas so Banalem wie der Wiegeeinrichtung. Eine Wiegeeinrichtung, die gut kann, was sie für diese Funktion können müsste, wäre zu teuer. Ich habe einmal eine Waschmaschine gesehen, in der ein Reibungsstoßdämpfer, das Plastikding mit Schaumgummi und vertrocknendem Fett, als Wiegeeinrichtung diente. Je mehr

Wäsche in der Trommel, desto mehr gibt er nach. Dass dabei keine brauchbaren Daten entstehen können, ist klar.

Doch selbst bei brauchbaren Wiegeeinrichtungen wäre dieses angeblich energiesparende System eine Innovationslüge. Die *Stiftung Warentest* hat herausgefunden, dass selbst bei funktionstüchtigen Wiegeeinrichtungen bei halber Beladung der Trommel der Waschgang trotzdem nicht wie zu erwarten fünfzig, sondern fünfundsiebzig Prozent der Energie braucht. Selbst wenn Käufer einer solchen Waschmaschine im besten Fall eine Energieersparnis erzielen, ist sie so gering, dass sie den Mehrpreis für die Funktion niemals rechtfertigt, und natürlich schon gar nicht den Neukauf einer Waschmaschine.

Wer laufend Geräte zerlegt, stellt nicht nur in diesem Fall fest, dass ihr Innenleben im Vergleich zu den verheißungsvollen Werbeansagen ernüchternd ist.

> *Oft ist es nicht einmal so, dass Marketingleute eine eher lauwarme Neuerung zur technischen Revolution hochstilisieren. Es scheint vielmehr so, als wollten die Marketingleute die nächste »technische Revolution« verkünden, und die Techniker haben auf die Schnelle irgendetwas eingebaut, das diese Ansage zumindest am Papier rechtfertigt.*

Ein Großteil des Elektronik-Krams in modernen Geräten soll technische Innovation suggerieren und dreiste Werbebehauptungen rechtfertigen, doch sein einziger tieferer Sinn besteht wiederum nur in unserer Verarsche.

Wir fallen gerne darauf herein, weil uns die Vorstellung gefällt, per Knopfdruck so viel Gestaltungsmacht zu haben, selbst wenn wir dann ohnedies immer nur in den drei gleichen Programmen waschen oder immer in der gleichen Einstellung fernsehen. Wir brauchen diese Vielfalt nicht, aber sie wirkt bei uns als Verkaufsargument. Je mehr auf einem Prospekt unter den technischen Möglichkeiten eines Gerätes steht, umso besser finden wir das.

Bei den Waschmaschinen entstanden vermeintliche Innovationen zum Beispiel durch bloßes Umbenennen von Programmen. Früher ging es um Kochwäsche, Buntwäsche mit Temperaturwahl, Synthetik und Wolle. Bei Synthetik reduzierte die Waschmaschine dann die mechanischen Prozesse, bei Wolle ebenfalls, nur noch ein bisschen mehr. Eigentlich alles bestens, bloß müssen ja Innovationen im Prospekt stehen.

Deshalb kamen neue Programmbezeichnungen wie Funktionswäsche oder Babywäsche in Mode. Beide suggerierten, dass die Waschmaschine ein komplexes elektronisches Gehirn hat, das genau weiß, wie mit solcher Wäsche umzugehen ist, und dann etwas ganz besonderes mit ihr macht.

Das stimmt natürlich nicht. Das Programm wählt einfach die für solche Wäsche geeignete Temperatur, Schleuderdrehzahl und gegebenenfalls einen Spülstopp. Die gesellschaftspolitisch relevante Frage, die hier zu betrachten wäre, lautet:

Soll ein Mensch, der dem Etikett in seiner Kleidung nicht die empfohlene Waschtemperatur ablesen kann, wirklich Waschmaschinen kaufen dürfen, oder wäre er vielleicht besser zu entmündigen? Wenn das Ganze einen Effekt hat, dann besteht auch er wieder nur in unserer weiteren Verblödung.

Auch die Geschirrspüler sind ein beliebtes Spielfeld der Produktentwickler für Elektronik, und besonders hier zeigt sich, was in der Praxis ihr wesentlichster Effekt ist: Sie wird kaputt und legt das Gerät lahm.

Bei den Geschirrspülern sind, wie bei den Waschmaschinen, nur noch die alten Modelle relativ einfache Systeme. Wenn die einmal nicht mehr wollen, ist wie bei mir damals meist ein Schlauch beziehungsweise eine Pumpe verstopft, was ein erfahrener Handwerker leicht beheben kann. Wird tatsächlich etwas kaputt, ist das meistens die Ablaufpumpe oder die Umwälzpumpe.

Bei einer Umwälzpumpe lässt sich jeder einzelne Bestandteil, also ihr Motor, ihre Heizung und ihre Dichtungen, extra tauschen. Eine heile Welt für Reparateure und Konsumenten, verglichen mit modernen Geschirrspülern. Moderne Umwälzpumpen stecken voller Elektronik, die Drehzahlen und Heizungen steuert, wieder nur, damit wir den vermeintlichen Vorteil der Wahl aus vielen verschiedenen Waschprogrammen haben.

Ihre weitgehende Sinnlosigkeit bewahrt Elektronik aber eben leider nicht davor, störungsanfällig zu sein, zumal dann, wenn Feuchtigkeit im Spiel ist. Wir hatten einmal einen Ge-

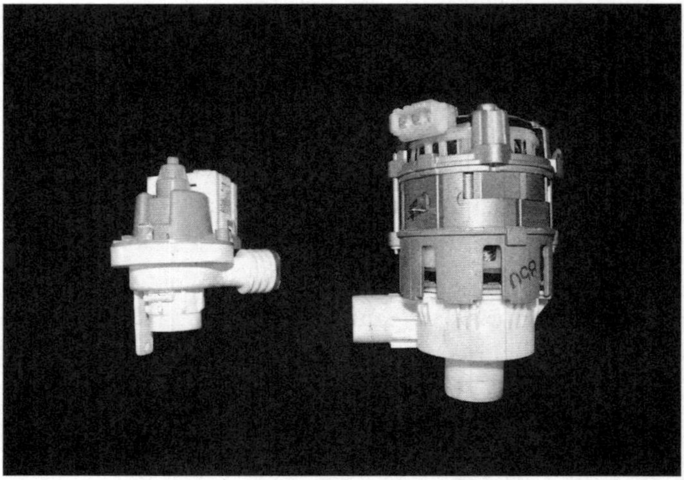

Ablauf- und Umwälzpumpe eines Geschirrspülers sind seine Schwachstellen.

schirrspüler zur Reparatur, bei dem wir die gesamte Umwälzpumpe tauschen mussten, also jenes Teil, das dafür sorgt, dass während des Waschens das Wasser schön sprudelt. Der Grund dafür war der Defekt eines elektronischen Bauteils der Pumpe, das beim Geschirrspülen in Wirklichkeit gar keinen Vorteil brachte.

Viel von dieser neuen Elektronik scheint überhaupt nur dafür da zu sein, kaputt gehen zu können. Weshalb sich Qualität bei Elektrogeräten unter anderem daran erkennen lässt, dass ein Gerät nicht besonders viele Lämpchen, Lichter und Sensortasten hat, sondern besonders wenige. Die vielen technischen Möglichkeiten, die eigentlich gar keinen Sinn haben, überfordern uns teilweise auch, etwa bei den Auswahlmöglichkeiten, die Fernseher bieten. Oft fährt unser Fernsehtechniker zu einem Termin, bei dem sich herausstellt, dass der Besitzer nur die falsche Taste der Fernbedienung gedrückt hat und dann im Menü nicht mehr den richtigen Weg zurück fand. Wir haben immer wieder Fälle, bei denen Menschen auf der Reparatur ihres Gerätes beharren, obwohl selbst wir aus pragmatischen ökonomischen Gründen einen Neukauf empfehlen. Sie bezahlen gerne für die Überschaubarkeit des alten Gerätes, das noch ohne die letztlich überflüssige und nur verwirrende Technik auskommt, etwas mehr.

Würden wir nicht so leicht auf vermeintliche technische Innovationen hereinfallen, wäre vermutlich ein Modell der Waschmaschinenmarke *Exquisit* unter den meist verkauften der Welt. Nie gehört? Kann ich mir vorstellen. Es wissen ja auch die wenigsten von uns so genau, wo Weißrussland liegt.

Weißrussland ist ein osteuropäischer Binnenstaat, der an Polen, die Ukraine, Russland, Lettland und Litauen grenzt und dessen Hauptstadt Minsk ist. Ebendort, in Minsk, sitzt *Atlant*, der Hersteller einer bei uns unter dem Markennamen *Exquisit* vertriebenen Waschmaschine. Das Modell, das ich meine, die *Exquisit WM 6810*, nennen wir bei uns im *Reparatur- und Servicezentrum* »Kawaschnikow«. Dies nicht nur wegen der Herkunft des Gerätes, sondern auch wegen seiner Einfachheit, Robustheit und Effektivität.

In dieser Maschine schlummert noch die Geisteshaltung der alten Sowjetunion, die, fern jeglichen kapitalistischen

Gedankenguts, bei Geräten jeder Art auf Langlebigkeit setzte. Die »Kawaschnikow« beherrscht nur die Basisfunktionen einer Waschmaschine, also ein, aus, Temperatur, Dauer und Schongang erstellbares Programm, sie hat kein Display, keinen Schnickschnack, keine Gimmicks welcher Art auch immer. Die Platine ihrer Elektronik ist fast leer.

Dagegen quellen die Platinen der modernen »Christbäume«, die wir in unserer jahrzehntelangen kapitalistischen Tradition hervorgebracht haben, von Elkos, Widerständen und Lötstellen nur so über. Sie alle sind Fehlerquellen, hier tut sich ein üppiges Spielfeld für Sollbruchstellen auf.

Einer der beliebtesten Küchenmixer unter ambitionierten Hobbyköchen, die viel in der Küche stehen und oft mixen, auch unter Veganern und Rohveganern, die täglich Smoothies zubereiten, hat nur drei Bedienelemente. Einen Schalter für »ein« und »aus«, einen Regler für die stufenlose Einstellung der Drehzahl und einen Schalter, der automatisch auf maximale Drehzahl stellt. Vom Design her sieht das Ding auch ein wenig nach dem Geist der alten Sowjetunion aus, und es wiegt so viel wie drei herkömmliche Mixer miteinander.

Wer sich noch im Stadium des Konsumtrottels befindet, wird sich fragen: Wieso um Himmels Willen gibt ein vernunftbegabter Mensch dafür mehr als 700 Euro aus, wo doch Mixer in jedem Elektromarkt schon unter 100 Euro zu haben sind, selbst von renommierten Herstellern wie *Philips*?

Der Grund ist einfach: Das Ding ist dermaßen robust, dass es Vielnutzern nicht nur Ärger, sondern trotz seines bemer-

Funktionelle Waschmaschine ohne Schnickschnack, die ewig hält.
Wir nennen sie »Kawaschnikow«.

kenswerten Preises mittelfristig auch Geld spart. Sein Motor ist gefühlt stärker als der eines chinesischen Kleinwagens und so robust wie der eines deutschen Panzers.

Meine Frau und ich benutzten in unserer Küche früher ein relativ günstiges Modell, das meinen damaligen Versuch, Bärlauchspinat zuzubereiten, nicht überlebte. Ich kochte den Bärlauch zuerst, dann musste ich ihn kleinkriegen, damit er wie passierter Spinat aussehen würde. Derart verarbeiteter Bärlauch eignet sich übrigens auch für Smoothies, aber das nur am Rande.

Jedenfalls strangulierte sich unser alter Mixer mit dem Bärlauch, und zwar im wahrsten Sinne des Wortes. Die langen Fasern der Blätter wickelten sich um die Welle des Messers. Der Motor, der natürlich keine Thermosicherung hatte, überhitzte und brannte durch. Das war`s dann.

Das wichtigste Ersatzteil unseres jetzigen Mixers ist der Plastikkrug. Der ist zwar so simpel gebaut, dass innerhalb eines halben Jahrhunderts eher nichts daran kaputt gehen sollte, aber die Wahrscheinlichkeit, dass er kaputt geht, ist immer noch größer, als die, dass der Motor aufgibt.

Bei den meisten Haushaltsgeräten hätten wir als umsichtige Konsumenten wenigstens noch theoretisch die Chance, uns für vernünftige Basisgeräte zu entscheiden. Bei Fernsehern haben wir nicht einmal die. In dieser Produktgruppe gibt es nur noch »Christbäume«.

Wobei Fernseher, wie auch die Handys, in diesem Kapitel eine Ausnahme bilden müssen. Denn bei beiden gab es tatsächlich nennenswerte Innovationen. Bei den Fernsehern fingen sie mit der Ablöse der Röhrenfernseher an. Die Röhrengeräte waren gut aber sperrig, im Sinne von tief und schwer. Es folgten die ersten flachen Fernseher mit Plasmabildschirmen. Die waren Heizlüfter mit Bildschirm, die enorm viel Energie verbrauchten. Dann kamen die LCD-Fernseher, eine massive Verbesserung hinsichtlich des Energieverbrauches, mit der Sollbruchstelle Elkos. Jetzt sind die LED-Geräte am Markt, die eine weitere Verbesserung in Sachen Energieverbrauch bedeuteten. Die nächsten Generationen, die mit einer Tastatur verbunden sind und Multimediafunktionen, wie die Steuerung der Heizung oder die Kontrolle des Kühlschrankinhalts, übernehmen, sind im Anrollen. Es waren so viele Innovationen, dass wir gerade bei den Fernsehern allmählich genug davon haben. Schon der 3D-Fernseher, der eigentlich als nächster Entwicklungsschritt geplant war, wurde zum Ladenhüter. Ich hatte auch keine Lust, mit meiner Frau auf der Couch zu sitzen, während wir beide so eine seltsame Brille im Gesicht haben.

Während uns die Elektro-Multis also mit dem Großteil ihrer vermeintlichen Innovationen zum Narren halten, verschaffen sie sich selbst mit ihren wachsenden technischen Möglichkeiten sehr wohl Vorteile, zum Beispiel bei den Laserdruckern, um mehr Toner zu verkaufen. Diese Erfahrung machten wir selbst in unserem kleinen Büro. Auf dem Bildschirm erschien eine Meldung, der zufolge eine Kartusche in unserem Laserdrucker leer war, und weiter drucken war danach unmöglich. Unser EDV-Spezialist wollte die Kartusche schon austauschen, doch als er die alte und die neue in der Hand wog, fiel ihm auf, dass die alte unmöglich leer sein konnte. Er stellte fest, dass eines der kleinen Zahnräder an der Seite der Kartusche über ein mechanisches Zählwerk verfügte, das offenbar nach ungefähr 1.400 Ausdrucken anschlug. Für den Drucker war die Kartusche damit leer, ganz egal ob bis dahin 1.400 vollbedruckte oder fast weiße Seiten durchgelaufen waren.

Unser Spezialist drehte das Zählwerk zurück und wir druckten weitere 1.400 Seiten, bevor vier Monate später die »Toner fertig«-Meldung neuerlich kam. Wir drehten noch einmal zurück, und erst ein paar weitere Monate später war die Kartusche tatsächlich leer. Wenn es nach dem Drucker und seinem Hersteller gegangen wäre, hätten wir sie schon entsorgt, als sie noch zu knappen zwei Dritteln voll war.

Früher war es noch simpler, einen Drucker auszutricksen, was nicht bedeutet, dass die Moral der Hersteller besser gewesen wäre. Als ich noch für die *Wiener Umweltberatung* arbeitete, schüttelten wir die Patronen unserer Tintenstrahldrucker erst einmal kräftig, und wenn gar nichts mehr ging, füllten wir die Tinte mit einer Spritze nach.

Was übrigens, weil die Hersteller natürlich Tintenpatronen verkaufen wollten, mit einem Verlust des Garantieanspruches einherging. Die nachgefüllte Tinte habe nicht die richtige Konsistenz und würde die Walze kaputt machen, hieß es.

Selbst ganze Stadtverwaltungen fallen auf derart fragwürdige Vertriebskonzepte der Elektro-Multis herein. So etwa die Stadt Wien, die ganz richtig konstatierte, dass ein Büro ohne Tinte oder Toner im Drucker in seinem Handlungsspielraum ziemlich eingeschränkt ist. Also trafen die Stadtbeamten Vorkehrungen, um es zu diesem Missstand erst gar nicht kommen zu lassen.

Sie schlossen die Drucker in den Amtshäusern der Stadt Wien an ein automatisches Bestellsystem an. Sobald der Drucker Meldung macht, dass die Tinte oder der Toner bald ausgehen werden, ist die neue Patrone oder Kartusche schon unterwegs.

Zum Glück kennen viele Beamte den Trick mit dem Schütteln noch, sonst würde die Stadt Wien etwa doppelt so viel Kartuschen kaufen, wie sie braucht, und im großen Stil halbvolle Kartuschen zu entsorgen. Das einzige Problem besteht jetzt in der Lagerung der automatisch angelieferten Kartuschen, die kein Mensch braucht.

SECHS. Die Energieeffizienzlüge

Vor Kurzem fragte mich ein Freund am Telefon, ob er seinen alten Kühlschrank austauschen sollte. »Diese Fluorchlorkohlenwasserstoffe sind doch wirklich ein Problem«, sagte er.

»Ein viel größeres Problem besteht darin, dass funktionierende Kühlschränke deswegen entsorgt werden«, sagte ich. »Funktioniert dein Kühlschrank noch?«

»Soweit einwandfrei«, sagte er.

»Dann behalte ihn, solange er sich wirtschaftlich reparieren lässt«, sagte ich.

»Und die FCKWs?«

Sein Gerät, das aus den 1990er-Jahren stammte, lief noch mit FCKWs, also mit Fluorchlorkohlenwasserstoffen, deren Ruf zu Recht schlecht ist. Entweicht dieses Kühlmittel, trägt es zur Beschädigung der Ozonschicht bei. Am 29. Juni 1990 beschloss deshalb die internationale Konferenz zum Schutz der Ozonschicht in London, die Herstellung und Anwendung von FCKW ab dem Jahr 2000 zu verbieten oder zumindest stark einzuschränken.

»Es hat einen Grund, weshalb FCKWs jetzt verboten sind«, sagte ich. »Du machst aber nichts besser dadurch, dass du einen funktionierenden Kühlschrank wegwirfst. Die FCKWs sind ja im Kühlsystem integriert. Sie treten nicht aus und verbrauchen sich nicht. Sollten sie austreten, dann muss der Kühlschrank weg, aber sobald sie das tun, funktioniert er ohnedies nicht mehr.«

»Was ist mit dem Stromverbrauch?«

»Vergiss das«, sagte ich.

Ich erklärte ihm auch den Grund dafür.

> *Mindestens die Hälfte der negativen Umweltauswirkungen eines Kühlschranks, eines Geschirrspülers oder einer Waschmaschine entfallen auf die Zeit, bevor das Gerät in einem Haushalt landet und sein Besitzer es zum ersten Mal ans Stromnetz anschließt.*

Ich meine hier jenen Ressourcen- und Energieverbrauch, der beim Abbau und der Verarbeitung der für die Herstellung des Gerätes notwendigen Rohstoffe, für die industriellen Prozesse bei seinem Bau und für seinen Transport in Containerschiffen und Lastwägen zu den Händlern und in die Haushalte anfällt.

Das bedeutet, dass nichts die Umweltfreundlichkeit so eines Gerätes so deutlich verbessert, wie seine möglichst lange Nutzung. Es bedeutet auch, dass das Argument, dass wir der Umwelt zuliebe neue energieeffiziente Geräte kaufen und die alten entsorgen sollen, eine Lüge ist. Ich will gar nicht ausschließen, dass ganz am Anfang jemand mit der Idee der Ökoprogramme zum Beispiel bei Waschmaschinen wirklich die Welt verbessern wollte, aber wie sich die Elektro-Multis die Sache zurecht gelegt haben, hilft sie wirklich nur noch ihnen. Der Besitzer einer neuen energieeffizienten Waschmaschine spart sich laut der europäischen Konsumentenschutzorganisation *BEUC* im besten Fall 1,50 Euro pro Jahr. Davon kann er dann vielleicht eine Stunde parken oder eine Kurzstrecke mit dem Bus fahren. Den Neukauf des Gerätes darf er dabei natürlich nicht mit einrechnen.

Dennoch trägt die Energieeffizienzlüge dazu bei, dass etwa die Deutschen ein Drittel ihrer Haushaltsgroßgeräte austauschen, obwohl sie noch funktionieren. Das zeigt eine Studie der *Gesellschaft für Konsumforschung*. Nicht nur private Nutzer sitzen dieser Lüge auf, sondern auch öffentliche wie Kinder- und Seniorenheime oder betriebliche wie Hotels.

Seit 1998 müssen in der EU alle Waschmaschinen, Kühlschränke, Geschirrspüler, Fernseher und zum Beispiel Lampen das europäische Energielabel tragen. Dieses Label mit den charakteristischen Streifen in Rot für die schlechteste Energieklasse bis Grün für die beste kennen wir mittlerweile alle.

Die höchste Energieeffizienzstufe ist ein A+++. Waschmaschinen mit dieser Einstufung sind angeblich die stromsparendsten am Markt und jedenfalls stromsparender, beziehungsweise energieeffizienter, als Modelle mit nur zwei, einem oder gar keinem Plus hinter dem A.

Wir haben in unserem *Reparatur- und Servicezentrum* einige dieser Waschmaschinen getestet. Dabei haben wir den Stromverbrauch auch mit dem ihrer jeweiligen Vorgängermodelle verglichen.

Das Ergebnis war ernüchternd. Die Waschmaschinen haben genau gleich viel Strom verbraucht wie ihre Vorgängermodelle, und es gab im Verbrauch keinen nennenswerten

Unterschied zwischen Waschmaschinen mit tief grünen Farbstreifen und solchen mit tiefroten.

Lediglich ein Programm senkte den Verbrauch tatsächlich merklich, das »Öko«-Programm. Doch bei näherer Betrachtung entpuppte sich auch dieses »Öko«-Programm bei allen Marken als nichts als ein dreister Trick.

Wir gehen, angesichts der vermeintlich vielen technischen Innovationen am Elektromarkt, ganz selbstverständlich davon aus, dass sich hinter diesem Programm mit dem ebenso simplen wie überzeugenden Namen eine technische Revolution verbirgt. Die Menschheit ist zum Mond geflogen, denken wir, sie hat Telefone für jedermann erfunden, deren Rechenleistung höher ist als die der gesamten FBI-Zentrale noch vor ein paar Jahren, sie arbeitet an selbstfahrenden Autos und sie hat ein Waschmaschinenprogramm entwickelt, das unsere schöne Natur mitsamt den Regenwäldern retten kann. Da wird selbst jeder konsumverweigernde »Öko«-Freak zum Einkaufs-Junkie.

Die Wahrheit sieht leider anders aus, und sie ist so simpel, dass wir uns eigentlich schämen müssen, darauf hereingefallen zu sein. Denn das »Öko«-Waschprogramm so eines, entsprechend teureren, Weltrettungsmodelles erhitzte in unserer Testserie im 60-Grad-Modus einfach nur auf 34 Grad, was logischerweise den Stromverbrauch drosselt. Die *Stiftung Warentest* stellte im Zuge vergleichbarer Tests bei manchen Modellen überhaupt nur Höchstwerte von 27 Grad im vermeintlichen 60-Grad-Modus fest. Dafür wuschen die

Maschinen im »Öko«-Programm länger. Länger Waschen verbraucht verhältnismäßig weniger Strom als wärmer waschen. Selbst wenn eine Waschmaschine vier Stunden lang wäscht, was einige Modelle tun, und dafür mit 34 statt den eingestellten 60 Grad, bleibt der Stromverbrauch niedriger.

Im Prinzip wäre der kleine Betrug mit der Temperatur halb so schlimm. 34 oder auch 27 Grad reichen völlig aus, um normal verschmutzte Wäsche wieder sauber zu kriegen, zumal bei längerer Waschzeit. Mies ist der Trick trotzdem. Mit dem Weltrettungsargument bringen die Konzerne uns dazu, funktionierende Waschmaschinen auszutauschen, aber gleichzeitig sagen sie uns nicht oder nicht klar genug, dass die neue Waschmaschine in allen Programmen außer dem »Öko«-Programm genauso viel Energie verbraucht wie unser altes Gerät.

Dazu kommt, dass einer Studie der *Universität Bonn* zufolge nur 16 Prozent der Besitzer von Waschmaschinen mit »Öko«-Programm dieses auch regelmäßig einstellen. Dies wohl deshalb, weil sie vielleicht noch eine zweite Trommel zu waschen haben und nicht stundenlang auf die erste warten wollen, und weil sie denken, dass das tolle neue Gerät, bei dem viel Natur auf der Schachtel aufgedruckt war, an sich »öko« ist – also in allen Programmen umweltfreundlich läuft. Was es aber definitiv nicht tut.

Wenn sich ein Käufer so einer neuen vermeintlichen »Öko«-Waschmaschine auch noch dem Trend zu einer größeren Trommel angeschlossen hat, die er dann bei vielen

Das »Öko«-Programm bei Waschmaschinen ist nur ein neuer Trick, mit dem uns Elektro-Multis zum Wegwerfen und Neukaufen verführen. »Öko« ist daran wenig.

Waschgängen nur halb füllt, ist endgültig Schluss mit »Öko« und Sparsamkeit. Denn, dass eine große Trommel für eine gleich große Wäschemenge mehr Strom verbraucht als eine kleine, ist klar.

> *In Wirklichkeit waschen Käufer einer »Öko«-Waschmaschine mit mindestens gleich großem Energieaufwand wie vorher, nur dass sie eine Menge Geld ausgegeben und die Umwelt mit der Neuproduktion und der Entsorgung eines Gerätes belastet haben.*

Wer Energie sparen will, lässt also seine alte Waschmaschine reparieren, solange es möglich ist. Zudem beachtet er ein paar andere Möglichkeiten, Strom zu sparen. Er reduziert die Waschtemperatur, die Schleuderzahl, und er schüttelt die Wäsche vor dem Aufhängen gut aus, damit er hinterher weniger Strom beim Bügeln verbraucht. Wer zugunsten der Wäscheleine auf den Trockner verzichtet, tut mehr für die Umwelt und den Regenwald, als es das beste »Öko«-Programm je schaffen würde.

Apropos Trockner. Das Bewusstsein, dass Wäschetrockner im Hinblick auf ihren Energieverbrauch uncool sind, hat sich zumindest in Europa schon verbreitet, was ja gut ist. Freilich motiviert das die Elektro-Multis, gerade in diesem Bereich mit scheinbar energieeffizienten Angeboten Kunden zu keilen. Doch laut der Arbeitsgruppe *Cool Products for a Cool Planet* ist das auch hier bloßer Etikettenschwindel.

Der Trick, den die Hersteller hier anwenden, ist besonders durchsichtig. Sie machen einfach die Trommeln größer und erzielen dadurch rein mathematische Vorteile bei der Berechnung des Stromverbrauches. Denn die Berechnungsformel für Energieeffizienz basiert auf dem Stromverbrauch je Wäscheeinheit. Je größer die Trommel ist, desto mehr Wäsche passt hinein. Wenn in eine große Trommel zwei Wäscheeinheiten passen, ist rechnerisch der Energieverbrauch logischerweise kleiner. Ist die Trommel aber nur teilweise gefüllt, ist er genau wie bei den Waschmaschinen sogar deutlich höher.

Die Energieeffizienz von Wäschetrocknern entpuppt sich bei näherer Betrachtung also als reine Zahlenspielerei, die mit der Wirklichkeit wenig zu tun hat. Beim Kauf so eines Gerätes lassen wir uns trotzdem von der schönen grünen Plakette dazu verführen, das größere Gerät zu kaufen, weil es unser schlechtes Gewissen beruhigt.

Die zunehmende Größe der sogenannten Weißware führt auch bei den Kühlschränken zu mehr, und oft völlig unnötigem Stromverbrauch. Auch in Europa laufen hier die Dinge auf den amerikanischen Doppeltürer hinaus, der womöglich auch noch gekühltes Wasser samt automatisch hergestellten Eiswürfeln hervorsprudelt.

Klar erzählt uns die Werbung, dass das Leben damit besser wird und solche Monstren auch noch »öko« sind – letzteres sogar formal korrekt, weil die Berechnungsmodi bei Kühlschränken vergleichbar mit jenen für Wäschetrockner sind. Doch in einer Wohnung mit halb gefülltem Doppeltürer ist Energieeffizienz logischerweise nur ein schlechter Scherz. Denn auch ein großer Kühlschrank verbraucht nun einmal mehr Strom als ein kleiner, egal, wie viel drin ist.

Geräte mit Bildschirmen, also Fernseher oder Computer, erhalten inzwischen ebenfalls Energielabel. Hier drängt sich die Frage auf, ob sie überhaupt je gut gemeint waren, oder ob sie von Anfang an die Elektro-Multis nur als neue Anheizer für den Kaufrausch erfunden haben.

Wir haben uns das »Öko«-Programm bei einigen Fernsehern genauer angesehen. Auch hier ist es so, dass diese nicht insgesamt weniger Strom verbrauchen, wie es uns gerne suggeriert wird, sondern nur dann, wenn wir die »Öko«-Einstellung wählen. Tun wir das, wird das Bild dunkler. Das ist klar aus Sicht eines Technikers, denn was sonst als ein niedrigerer Stromverbrauch sollte einen Fernseher dazu bewegen, »öko« zu sein? Ein Bildschirm aus Hanf? Und was sonst sollte bei niedrigerer Stromzufuhr passieren, als eine Verdunkelung des Bildschirms? Ich würde bei den meisten Fernsehern, ehrlich gesagt, lieber Radio hören, als im »Öko«-Programm zu schauen.

Der Kern von all der »Öko«-Werbung, der Meinungsbildung, die sogar schon über die Schulen läuft – all des Wegwerfens guter und funktionstüchtiger Geräte und all des Neukaufens von umweltfreundlichen Geräten -, sind Rechentricks. Zudem kommen der Beschiss bei der Temperaturwahl und die Drosselung der Stromzufuhr zu einem Fernseher auf ein zu geringes Maß, die dafür sorgt, dass das Bild schlecht ist. Für wie blöd halten die uns eigentlich?

Wenn überhaupt, sparen wir uns mit solchen Geräten dann 1,50 Euro, nicht pro Verwendung, pro Woche oder pro Monat, sondern pro Jahr. Beim Einkaufen können wir mit den Angaben zum Stromverbrauch meist auch gar nichts anfangen. Da steht dann zum Beispiel auf einem Kühlschrank, dass er 390 Kilowattstunden im Jahr verbraucht. Ist das viel oder ist das wenig? Wer weiß schon, wie viel eine Kilowattstunde kostet oder wie lange ein Radio damit laufen würde. (Für alle, die es wissen wollen: Eine Kilowattstunde kostet im Jahr 2016 in Deutschland im Durchschnitt 29 Cent und in Österreich etwa 20 Cent. Mit einer Kilowattstunde können Sie sieben Stunden lang fernsehen oder ein leistungsfähiges Smartphone ein halbes Jahr lang jeden Tag voll aufladen.)

Weil wir das eben nicht wissen, vergleichen wir zum Beispiel die Kühlschränke miteinander. Ein Kühlschrank verbraucht dann gemäß der Herstellerangaben 390 Kilowattstunden, kurz kWh, pro Jahr, dies bei einem Füllvolumen von 615 Liter. Der andere verbraucht gemäß der Herstellerangabe 314 kWh bei halbem Füllvolumen.

Würden wir diese Herstellerangaben daheim überprüfen, würden wir feststellen, dass sie ebenfalls nichts mit der Realität zu tun haben. Denn die 390 beziehungsweise 314 kWh gelten für den unwahrscheinlichen Fall, dass der Kühlschrank leer ist und wir ihn ein Jahr lang nie öffnen, um etwas hineinzutun oder herauszuholen. Bei Diesel-Fahrzeugen hat die Realitätsferne solcher Messungen für viel Aufregung gesorgt, bei Elektrogeräten leider noch nicht.

Dabei laufen diese Messungen nicht nur bei Kühlschränken wie beschrieben. Waschmaschinen testen die Elektro-Multis, die sie herstellen, grundsätzlich nur im sechzig- oder vierzig-Grad-»Öko«-Programm. Besonders offensichtlich sind die Energie-Tricks bei Staubsaugern. Die testen ihre Hersteller mit leerem Beutel und einem Teppich ihrer Wahl, statt verschiedene Standardoberflächen zu verwenden. Zudem setzen sie dabei spezielle Düsen auf, die bessere Testergebnisse liefern als Standarddüsen. Diese müssen der Form halber dann auch in der Verpackung sein, aber die wenigsten Käufer verwenden sie.

Verklagen können wir die Elektro-Multis für diesen Mist nicht, denn in den Bedienungsanleitungen steht vermerkt, dass die angegebenen Werte nur unter bestimmten Voraussetzungen zu erreichen sind. Um das zu erfahren, müssten wir das Gerät im Laden auspacken und die beigelegten Informationen lesen. Das tut natürlich kein Mensch, und die Hersteller haben die Mittel und das Know-how, um uns über die Werbung genau die Informationen zu geben, die sie uns geben wollen. Sie wissen, zum Beispiel, dass selbst nach dem Kauf keine zehn Prozent der Kunden die beigelegten Informationen lesen.

Wegen all dieser Widersprüche bei der Angabe des Stromverbrauches von Elektrogeräten führen Konsumentenschutzorganisationen eigene, realistischere Tests durch. Die deutsche *Stiftung Warentest* etwa hat sich dabei einen Namen gemacht. Sie führt unter anderem Dauertests an Waschmaschinen durch, um die Aussagen der Hersteller zu überprüfen.

Die Geräte laufen dabei ein knappes Jahr ohne Unterbrechung. Daraus leitet das Labor unter anderem ab, wie viel Energie sie über ihre Lebenszeit verbrauchen. Doch selbst wenn die unabhängigen Prüfungen zu noch so abweichenden Ergebnissen gelangen, hat das keine Konsequenzen für die

Elektro-Multis. Niemand geht gegen sie vor, weshalb sie immer weiter machen können mit ihren Tricks. Vielleicht liegt es ja an den schönen grünen Blättern auf den Kartons der vermeintlich umweltfreundlicheren Geräte und daran, dass wir uns in diesen Dingen eben gerne selbst ein bisschen belügen.

SIEBEN. Die Garantielüge

In unserer Werkstatt stehen derzeit vier Waschmaschinen desselben Modells. Alle vier stammen aus einem Solarium. Sie sind bei uns gelandet, weil sie nicht mehr funktionieren. Die Solariumbesitzer brauchten rasch Ersatz und hatten keine Lust auf Stress und Kosten mit Reparaturen. Sie spendeten uns die Geräte einfach und kauften sich neue.

Das wäre so weit noch nicht ungewöhnlich. Der Punkt dabei ist, dass alle vier Geräte auch gleich alt sind, und zwar knapp ein halbes Jahr. Weshalb die Reparaturen eigentlich unter die Garantie des Herstellers fielen, wäre nicht eine Ausnahmeregelung schlagend geworden.

Es lief ungefähr darauf hinaus, dass die Eigentümer die Waschmaschine zu oft benutzt hatten. Wie oft wir unsere Maschine genutzt haben, verrät bei vielen modernen Geräten ein Zähler, so auch bei diesen. Zu oft nutzen, bedeutet für den Hersteller, ein Haushaltsgerät gewerblich zu verwenden, und für die gewerbliche Nutzung gilt die Garantie nicht.

Die Elektro-Multis haben zahllose Tricks, mit denen sie sich aus ihren Garantiepflichten stehlen und dabei darauf hinweisen, dass es ohnedies in der Bedienungsanleitung gestanden wäre. In den Bedienungsanleitungen, von denen sie dank ihrer Markt- und Kundenanalysen ganz genau wissen, dass wir sie nicht lesen. Eine beliebte Ausnahmeregelung gilt auch für den Fall eines Reparaturversuches durch Unbefugte, also zum Beispiel durch uns selbst.

Es mag auf den ersten Blick unklug erscheinen, ein Gerät, für das noch die Garantie gilt, selbst zu reparieren, wenn wir es doch nur einschicken oder den Servicetechniker rufen müssten. Doch das bedeutet Mühsal. Wir müssen uns darum kümmern und eine Weile darauf verzichten. Da liegt der Gedanke nahe, selbst einmal nachzusehen, oder sich auf Seiten wie *ifixit.com* eine Anleitung samt dem richtigen Werkzeug zu besorgen. Das Dumme ist: Die Hersteller merken es. Zum Beispiel bei Laptops gibt es versiegelte Schrauben, die jedem Eingeweihten zeigen, ob das Gerät schon jemand aufgemacht hat oder nicht.

Bei Handys rechtfertigen die Händler ein Nein zu unseren Gewährleistungsansprüchen gerne mit dem Hinweis auf vermeintlich eingedrungene Feuchtigkeit, auf die wir besser Acht geben hätten müssen. Zu diesem Zweck bauen sie in die Handys Feuchtigkeitsindikatoren ein, die sich gegebenenfalls verfärben, zum Beispiel von grün auf rot.

Die Sensibilität dieser Indikatoren bestimmen sie selbst. Die verfärben sich deshalb gerne auch dann, wenn das Handy seinem Besitzer garantiert nicht ins Klo gefallen ist und er auch nicht bei Regen im Freien telefoniert hat. Sein einziges Vergehen bestand vielleicht darin, bei einem Telefonat etwas nervös gewesen zu sein und feuchte Hände gehabt zu haben.

Das alles lässt die Elektro-Multis nicht davor zurückschrecken, uns mit fragwürdigen Garantieversprechen ganz bewusst zu ködern. Deshalb zum Abschluss dieses Kapitels noch einmal zurück zu unserem Lieblings-Anschauungsbeispiel, der Waschmaschine. Bei ihr ist den Elektro-Multis der Garantietrick mit dem seit einer Weile am Markt befindlichen Inverter-Motor eingefallen.

Bei herkömmlichen Waschmaschinenmotoren kommen Kohlebürsten zum Einsatz, die sich mit der Zeit abnutzen, weil sie über ein sich drehendes Metallteil streichen. Inverter-Motoren kommen ohne diese Bürsten aus und sind damit praktisch wartungsfrei. Manche Elektro-Multis geben deshalb auf solche Motoren gleich zehn Jahre Garantie, die sie sich beim Kaufpreis abgelten lassen.

Bloß bringt diese Garantie den Käufern so einer Waschmaschine nichts, wenn nach vier Jahren der Motor noch perfekt läuft, dafür aber die spezielle Motoren-Elektronik kaputt ist, die ihn antreibt – und auf die gibt es nur zwei Jahre Garantie.

Der Verlust der Kulturtechnik Reparieren

Als ich ein Kind war, hatten wir keinen Fernseher. Es war für mich deshalb etwas Besonderes, wenn ich an Sonntagen bei meinem besten Freund die Aufzeichnung von *Kasperl und Pezi* aus dem *Wiener Urania Puppentheater* ansehen durfte. Seine Eltern hatten einen Fernseher, wenn auch einen ziemlich alten, der gelegentlich ausfiel. Für mich waren die Ausfälle dann so schlimm, wie wenn sich heute bei einem *Champions-League*-Spiel der Livestream aufhängt, während Ronaldo gerade zum gegnerischen Tor stürmt. Wenn der Kasperl mit einem letzten Knacks verschwand und nur noch der schwarze Bildschirm zu sehen war, gab es aber immer noch Hoffnung. Die bestand im Vater meines Freundes.

Der eilte jeweils mit einem Schraubenzieher und einem Lötkolben herbei, nahm die Rückwand des Fernsehers ab und machte sich in seinem Inneren zu schaffen, während wir am Teppich saßen und jedes Mal aufschrien, wenn sich am Bildschirm wieder etwas zeigte, und sei es nur ein kurzes Aufblitzen. Meistens bekam er den Fernseher noch vor dem Ende der Sendung wieder in Gang.

Heute weiß ich, wie gefährlich es für ihn war, an einem am Netz hängenden Röhrenfernseher zu arbeiten. In so einem Gerät befindet sich ein Hochspannungsteil, der bei falscher Handhabung lebensgefährlich sein kann. Doch der Vater meines Freundes wusste, was er tat. Er war auch der Mann, der immer zu uns kam, wenn der Plattenspieler streikte oder das Auto nicht mehr ansprang.

Früher gab es in jedem Freundeskreis mindestens einen solchen geschickten Handwerker, der fast alles reparieren konnte. Diese Männer waren Träger des Wissens über den Umgang mit den Dingen und gaben es auf natürliche Weise weiter. Zum Beispiel an jenes von ihren Kindern, das sich am meisten dafür interessierte.

Inzwischen gibt es diese Spezies kaum noch und die Kulturtechnik des Reparierens ist der Gesellschaft allmählich abhandengekommen. Der Kapitalismus hat sie ihr aberzogen. Stattdessen hat er den Neukauf gegenüber der Reparatur durch finanzielle Anreize, die Erschwernis von Reparaturen und Werbebotschaften wie »hau weg, den Dreck« immer attraktiver gemacht. Wir sind damit technisch allmählich verblödet.

Diese Form der Verblödung ließe sich als Teil eines umfassenden Verblödungsprozesses sehen, dem uns der Kapitalismus mit seiner Innovationssucht unterzieht, und dessen Tragweite wir noch nicht richtig erkennen, weil er zuerst einmal wie eine neue Form von Bequemlichkeit daherkommt.

Bei modernen Kaffeevollautomaten müssen wir nicht mehr über die Dosierung des Kaffees und des Wassers nachdenken und bei modernen Waschmaschinen nicht mehr über die richtige Temperatur für die jeweilige Wäsche. Ebenso bequem ist es, wenn uns jetzt Navigationssysteme ans Ziel führen, und wir uns nicht mehr in der Kunst des Kartenlesens üben müssen. Die Datenspeicher unserer Handys strapazieren unsere Merkfähigkeit nicht mehr und die elektronischen Notizblöcke machen im Prinzip die Fertigkeit überflüssig, mit der Hand zu schreiben. In naher Zukunft, wenn wir in selbstfahrenden Autos sitzen, werden wir allmählich verlernen, selbst zu lenken. Robotik und künstliche Intelligenz werden uns immer mehr Prozesse abnehmen, bei denen wir bisher unser Gehirn einsetzen mussten. Wie wir unseren Kaffee trinken, wie wir unsere Wäsche waschen und auf welchem Weg wir zu einem Termin in der Stadt fahren, entscheiden schon jetzt nicht mehr wir, sondern die Produktdesigner der Elektro-Multis. Ihre Macht über uns wächst ständig. Gehirnspezialisten warnen bereits davor, dass auch für unser Denkorgan das Prinzip »use it or loose it« gilt und all diese Entwicklungen Demenzerkrankungen fördern.

Doch ich will bei der Ebene der technischen Verblödung bleiben. Bei dem Umstand, dass es früher einmal in den meisten Haushalten Werkzeugschränke gab und dann nur noch Werkzeugkisten, die zuerst immer kleiner wurden und jetzt auch allmählich verschwinden, weil niemand mehr so genau weiß, was er mit ihrem Inhalt anfangen soll.

Viele von uns erleben die technische Verblödung inzwischen als Ohnmacht, die sie der Willkür von Elektro-Multis ausliefert. Sie wollen etwas dagegen tun, um wieder unabhängiger zu sein und Areale ihres Gehirns neu zu beleben, die diese Multis mit ihren Marketingstrategien lahm gelegt haben.

Wir veranstalten in unserem *Reparatur- und Servicezentrum* einmal pro Woche ein so genanntes Reparaturcafé.

Wir treffen uns im Keller unter unserem Betrieb und unsere Gäste, einige davon sind Stammgäste, bekommen Kaffee und essen dazu Kuchen, den sie selbst mitbringen. Schließlich wählen sie aus dem Werkzeug, das wir zur Verfügung stellen, das passende aus, um an ihren defekten Geräten, die sie ebenfalls mitgebracht haben, herumzuschrauben. Sobald sie nicht mehr weiter wissen, hilft ihnen einer unserer Mitarbeiter weiter.

Manchmal setze ich mich dazu, trinke eine Tasse Kaffee und unterhalte mich ein wenig. Die Gäste kommen mit Bügeleisen, Kaffeemaschinen, Toastern, Staubsaugern und allem möglichen anderen. Jüngst war ein älterer Herr mit seinem Enkel da, um ein elektrisches Spielzeug-Feuerwehrauto zu reparieren.

Vor allem die Stammgäste wissen schon in etwa, was sie tun und wo sie damit anfangen müssen. Sie benötigen nur zwischendurch den einen oder anderen Rat. Doch es überrascht mich immer wieder, wie groß die von den Elektro-Multis bewusst gezüchteten Bildungslücken in diesem Bereich inzwischen geworden sind. Ich sehe dann zu, wie Gäste unseres Reparaturcafés mit einem Schlitzschraubenzieher an einer Kreuzschraube arbeiten und sich nicht erklären können, warum das so schwierig ist. Denn diese Erfahrung entspricht ganz ihrem technischen Selbstverständnis: Ich kann so etwas eben nicht, denken sie.

Ich frage mich dann immer, wie viele Menschen, die nicht zu uns kommen, ihr Bügeleisen wegwerfen, wenn es verkalkt ist, weil sie denken: Ich lasse lieber die Finger davon, sonst mache ich es nur endgültig kaputt. Womit der nächste Gedanke unvermeidlich ist: Ich werfe es lieber weg, weil reparieren lassen zahlt sich nicht aus.

Die Folgen des Verlustes der Kulturtechnik Reparieren erlebe ich auch immer, wenn ich bei uns in der Reparaturannahme vorbeischaue. Viele Kunden bringen uns Geräte, bei denen sie den, oft nur vermeintlichen, Schaden ohne besondere technischen Kenntnisse oder Fähigkeiten und auch mit zwei linken Händen selbst beheben hätten können.

Die elf häufigsten dieser technischen Bildungslücken liegen geschätzten dreißig Prozent aller »Schadensfälle« zugrunde. Deshalb sollten sie die folgenden elf Dinge kurz überprüfen, bevor Sie einen Handwerker rufen oder ein Gerät wegwerfen:

EINS. *In der Waschmaschine bleibt Wasser stehen. Maschine schleudert nicht.* Bei Waschmaschinen kommt es, wie ausführlich beschrieben, zu Defekten in der Elektronik, bei den Stoßdämpfern oder bei den Lagern. Trotzdem sollten Sie sich, wann immer Ihre Waschmaschine den Dienst verweigert, als erstes mit ihrem Abflusssystem befassen. Logischerweise ist dieses System bei jedem Gerät, in dem Wasser zirkuliert, also etwa auch bei Geschirrspülern, ein kritischer Punkt. Damit meine ich nicht, dass sie ihre Maschine zerlegen und die

Ablaufpumpe ausbauen sollten. Denn für jemanden, der das nicht gelernt hat, ist das nicht empfehlenswert. Doch es gibt eine der Pumpe vorgelagerte Stelle, an der Sie auch als absoluter Laie Hand anlegen können: Das Flusensieb.

Es hat seinen Namen von den »Flusen«, also den kleinen Textilteilchen, die sich aus einem Kleidungsstück beim Waschen lösen können, und die sich dann auch noch gerne mit Haaren und Ähnlichem zu kleinen Knäueln verbinden. Damit sie nicht in die Ablaufpumpe geraten, fängt sie ein Sieb auf, das sich meist hinter einem Türchen an der Vorderseite Ihrer Waschmaschine befindet, und zwar in Bodennähe.

Wenn Sie dieses Türchen öffnen, wozu Sie kein Werkzeug brauchen, sehen Sie dahinter meist einen Schraubverschluss. An diesem Punkt sollten Sie einige einfache Vorsichtsmaßnahmen treffen. Am besten legen Sie ein paar alte Handtücher oder anderes saugendes Material vor der Waschmaschine auf, denn gleich wird es nass. Sie können auch einen flachen Behälter von etwa einem Zentimeter Höhe bereitstellen, um das entweichende Wasser damit aufzufangen.

Jetzt schrauben Sie den Verschluss vorsichtig auf und ziehen ihn ein wenig heraus, worauf Ihnen etwa ein halber Liter Wasser entgegen kommt. Sobald keines mehr kommt, können Sie den Verschlussdeckel samt dem Flusensieb herausziehen. Sie finden darin vermutlich neben Flusenknäueln auch Knöpfe, Münzen und womöglich Ihren Ehering, den Sie schon lange vermissen. Es zahlt sich also durchaus aus, einmal dort hineinzusehen, auch wenn die Waschma-

Das Flusensieb verbirgt sich meist hinter einem Türchen in Bodennähe.

schine noch funktioniert.Sollte das Sieb tatsächlich richtig verstopft sein, ist das vermutlich der Grund für den Defekt. Denn in diesem Fall fließt das Wasser aus der Trommel nicht mehr vollständig ab und deswegen schleudert die Waschmaschine am Ende des Programms nicht mehr. Bei neueren Waschmaschinen mit entsprechenden Sensoren blockiert die Elektronik schon beim Start den Zufluss, und dann geht gar nichts mehr.

Die alten Handtücher oder den Behälter, um jenen halben Liter Wasser abzufangen, sollten Sie besser bereitstellen, bevor Sie irgendetwas anrühren. Denn nicht immer ist ein Türchen vor dem Verschluss des Flusensiebes. Es kann auch sein, dass Ihnen das Wasser gleich entgegen quillt, wenn Sie den ersten Verschluss öffnen.

Sollten Sie zu den Menschen gehören, die Bedienungsanleitungen zwar auch nicht lesen, aber zumindest aufheben, macht es Sinn, zuerst einen Blick dort hinein zu werfen.

Auch ein Handwerker würde sich, wenn nicht abfließendes Wasser das Problem ist, zuerst einmal dieses Sieb ansehen, und das genau wie eben beschrieben machen. Dafür müsste er dann aber inklusive Anfahrt mehr als 100 Euro verrechnen.

Ich weiß, dass jeden Tag Waschmaschinen beim Elektroschrott landen, nur weil ihr Flusensieb verstopft ist. Bei drei der vier erwähnten Waschmaschinen zum Beispiel, die uns das Sonnenstudio gespendet hatte, war genau das der Fall. Wir reinigten einfach die Teile, machten die üblichen Tests und stellten die Geräte in unseren Verkaufsraum.

ZWEI. *Kleidung kommt verschmutzt aus der Waschmaschine.* Wenn auf der Bluse nach dem Waschen weiße oder andersfarbige Bröckchen und Streifen zu sehen sind und die Wäsche insgesamt schmutzig wirkt, nur anders schmutzig, als sie es vor dem Waschen war, ist das auch noch lange kein Grund, gleich den Servicetechniker zu rufen. Die Ursache dafür könnte sein, dass Sie Ihre Wäsche gerne ganz besonders sauber haben und deshalb in der irrigen Meinung, das würde etwas bringen, mit dem Messbecher besonders tief in der Waschmittelbox graben. Dabei hat Überdosierung von Waschmittel gar keine positive Wirkung, dafür aber gleich mehrere negative. Sie führt nicht nur zu einer chemischen Mehrbelastung der Umwelt und einer finanziellen Mehrbelastung Ihres Haushaltsbudgets, sie macht auch Ihrer Waschmaschine zu schaffen. Wenn das Waschmittel einfach in der Lade halb liegen und halb kleben bleibt, dann merken Sie das ja noch. Wenn es sich in den Zuläufen, im Ablaufsystem oder in der Türdichtung ablagert, was bei Überdosierung schneller der Fall ist als bei richtiger Dosierung, merken Sie das schon nicht mehr. Schicht um Schicht lagert sich das Waschmittel etwa in den Zuläufen ab, bis sich ein Klumpen davon ablöst.

Was tun? Ganz einfach. Lassen Sie einmal das Kochwaschprogramm mit Wäsche durchlaufen. Waschen Sie überhaupt ungefähr einmal im Monat im Kochwaschprogramm. Ich weiß schon, das ist nicht umweltfreundlich, aber es verbraucht ganz bestimmt weniger Energie als der Servicetechniker, der bei der Anfahrt seine Werkzeugkiste ja nicht in der Straßenbahn transportiert.

Nachdem Sie die Zuläufe und das Ablaufsystem der Waschmaschine gereinigt haben, sollten Sie Ihre Waschgewohnheiten überdenken. Sie sind wahrscheinlich mit halb so viel Waschmittel wie bisher mit dem Ergebnis ebenso zufrieden wie bisher. Ich wasche meine Wäsche in meiner Fünf-Kilo-Waschmaschine mit zwei gestrichenen Esslöffeln Waschmittel.

Um Ihre individuelle Dosierung zu finden, waschen Sie am besten wie immer, das heißt, mit dem üblichen Programm und der gleichen Wäschemenge, reduzieren aber bei jeder Wäsche nach und nach das Waschmittel, bis Sie mit dem Ergebnis nicht mehr zufrieden sind. Die vorletzte Dosierung war dann die richtige. Sie werden zwar viele Durchläufe machen müssen, bis Sie soweit sind, aber es zahlt sich für Ihr Haushaltsbudget, für die Waschmaschine und für die Umwelt aus.

DREI. Waschmaschine verbraucht zu viel Strom. Sollten Sie zu den Menschen gehören, die ihr Haushaltsbudget genau einteilen müssen, stellen Sie vielleicht eines Tages fest, dass Ihre Stromrechnung höher wird, ohne dass Sie eigentlich mehr Strom verbrauchen. Das hat höchstwahrscheinlich damit zu tun, dass Ihr unverschämter Stromanbieter schon wieder die Preise erhöht hat. Sollte das nicht der Fall sein, kann es auch an einem Schaden Ihrer Waschmaschine liegen, der deshalb hier unter Punkt drei steht, weil Sie ihn ebenfalls leicht selbst beheben können.

Der Schaden besteht mit relativ hoher Wahrscheinlichkeit in einer verkalkten Heizung Ihrer Waschmaschine, die obendrein auch noch mit überflüssigem Waschmittel verkrustet ist. Die Heizung wird weiterhin ihr Bestes geben, um das in die Waschmaschine fließende Wasser auf die vom Programm verlangte Temperatur zu erwärmen, bloß braucht sie eben mehr Strom dafür.

Sie kennen das sicher von Ihrem Wasserkocher. Wenn um dessen Bodenplatte oder Heizstab eine dicke weiße Kalk-

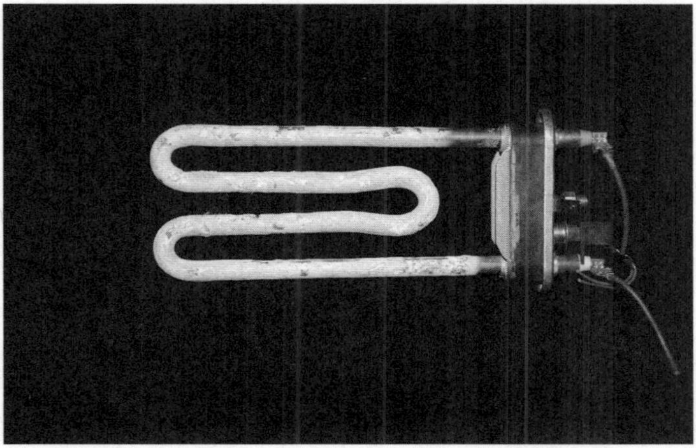

Mit einer verkalkten Heizung tut sich jede Waschmaschine viel schwerer, das einlaufende Wasser auf die vom Programm vorgegebene Temperatur zu erwärmen.

schicht liegt, schreiten Sie auch zur Tat. Bei Ihrer Waschmaschine besteht die in einem einfachen Prozedere. Sie legen ausnahmsweise keine Wäsche in die Trommel und lassen die Waschmaschine wieder im Kochwaschprogramm laufen. Aber diesmal gießen Sie noch 50 Gramm Zitronensäure aus der Apotheke in die Trommel, bevor Sie das Programm starten, um die Kalk- und Waschmittelverkrustungen an der Heizung zu lösen.

Wenn Sie nicht in die Apotheke gehen wollen, können Sie dafür auch einfach einen Achtelliter Haushaltsessig aus der Küche holen. Aber Vorsicht: Nehmen Sie keinesfalls den Balsamico-Essig. Der enthält die nötige Säure nicht. Wenn

Sie sich die Flasche genauer ansehen, werden Sie vielmehr feststellen, dass Balsamico-Essig selbst Ablagerungen bildet. Es ist sinnvoll, diesen Vorgang im Abstand von zwei bis drei Monaten je ein oder zweimal zu wiederholen.

> *Mit der Reinigung des Flusensiebes, der Leitungen und der Heizung Ihrer Waschmaschine sollten Sie gar nicht erst warten, bis ein Defekt auftritt oder Ihnen die Stromrechnung seltsam vorkommt. Ich weiß schon, dass es schwer ist, daran zu denken, wenn ja ohnedies alles läuft. Dennoch wäre es sinnvoll, alle drei Maßnahmen laufend zu ergreifen. Wenn Ihre Waschmaschine ein feinporiges Flusensieb hat, sollten Sie es öfter reinigen als eine sogenannte Grobteilfalle, die relativ wartungsfrei ist. Gleiches gilt für die Reinigung der Leitungen sowie das Entkalken der Heizung, bei letzterem hängt die Häufigkeit vom Kalkgehalt des Wassers ab.*

VIER. *Im Geschirrspüler bleibt Wasser stehen.* Vielleicht denken Sie ja, warum erzählt er mir das Folgende, das weiß doch jedes Kind. Wenn Sie es wissen, dann umso besser, aber in dem anderen Punkt irren Sie: Dass der Filter eines Geschirrspülers regelmäßig gereinigt gehört, spätestens dann, wenn im Geschirrspüler das Wasser stehen bleibt und Ihnen beim Öffnen der Klappe üble Gerüche entgegenströmen, wissen nur die wenigsten Besitzer eines solchen Gerätes. Jedenfalls ist das eines der häufigsten Probleme, auf die unsere Reparateure für Haushaltsgroßgeräte stoßen, wenn ein Kunde wegen eines kaputten Geschirrspülers anruft.

Der Filter befindet sich im Innenraum des Geschirrspülers am Boden. Er lässt sich meistens mit einer Hand herausdrehen. Wenn Sie sich an dem Drehverschluss zu schaffen machen, haben Sie schließlich den ganzen Filter in der Hand, der aus einem flachen Metallsieb, einem Grobfilter und einem Feinfilter besteht. Dort finden Sie eher nicht so schöne Dinge wie Eheringe, dafür aber Glas- und Porzellansplitter, Olivenkerne oder schleimige bis zähe Ablagerungen, die früher einmal matschige Speisereste waren. Die entfernen Sie vorsichtig, um hinterher jeden Teil extra unter laufendem Wasser mit einer Bürste zu säubern.

Danach setzen Sie die drei Teile wieder zusammen, was je nach Modell unterschiedliche Fertigkeiten verlangt, aber ohne jegliches technisches Fachwissen zu bewältigen ist. Schließlich setzen Sie das Ganze wieder in die Öffnung und schrauben es fest.

Auch die Reinigung des Filters einfach so einmal zahlt sich wirklich aus. Der Geschirrspüler riecht dann eine Weile besser und ein sauberer Filter schont die Ablaufpumpe, die, wie gesagt, zu den neuralgischen Punkten eines Geschirrspülers gehört. Denn was einmal im Filter hängt, kann schließlich auch durch ihn hindurchwandern und in dieser Pumpe landen.

Glassplitter und Olivenkerne sind dort dann rasch ein großes Problem. Denn eine Ablaufpumpe zu tauschen, ist

Die Reinigung eines Geschirrspülerfilters setzt keine besonderen technischen Fähigkeiten voraus.

Der Filter eines Geschirrspülers ist Sammelstelle für Glas- und Porzellansplitter, Olivenkerne und Speisereste.

schon richtig teuer. Dazu ein kleiner Tipp: Wenn Sie einen Geschirrspüler der Marken *Miele, Siemens* oder *Bosch* haben, können Sie, falls die Reinigung des Filters nichts gebracht hat, auch die Ablaufpumpe selbst kontrollieren und gegebenenfalls instand setzen.

Bei diesen Geräten ist die Ablaufpumpe zugänglich, wenn Sie einmal den Filter herausgenommen haben. Sie befindet sich meist hinter einem Türchen, das Sie öffnen können, um alles dahinter zu entfernen, was dort eindeutig nicht hingehört. Falls Sie sich jetzt ärgern, dass Sie Ihre Bedienungsanleitung nicht aufgehoben haben, Sie finden diese auch im Internet. Geben Sie einfach bei *Google* Marke, Modell und das Wort »Bedienungsanleitung« ein.

Wenn das bei der Behebung des Problems noch immer nichts genützt hat, kann das auch an dem Siphonanschluss liegen, dem geknickten Verbindungsteil des Abwasserschlauches mit dem Abfluss.

Durch den Knick bleibt dort leicht etwas hängen und verstopft damit den Abfluss für das Abwasser. Der Siphonanschluss lässt sich normalerweise leicht mit der Hand aufschrauben. Danach mit einem Flaschenreiniger putzen, die Dichtungen wieder richtig einlegen und zuschrauben.

FÜNF. Geschirrspüler wäscht nicht mehr sauber. Immer ärgerlich ist es, wenn die schönen Gläser nach dem Waschgang im Geschirrspüler nicht glänzen wie in der Fernsehwerbung für Geschirrspüler-Tabs, sondern weiße Streifen oder graue

Schlieren haben. Die dann von Hand auch noch schwierig zu entfernen sind, weil der Geschirrspüler den alten Schmutz beseitigt, aber einen neuen, besonders zähen, aufgetragen hat.

Es gibt einige mögliche Gründe dafür. Vielleicht verwenden Sie zu viel Geschirrspülmittel: Ein Tab pro Waschgang, wie Sie es wahrscheinlich machen, ist bei den meisten Geschirrspülern eigentlich zu viel. Ein halber Tab reicht völlig. Wenn das geklärt ist, können Sie eine Reihe von Maßnahmen selbst ergreifen. Zuerst einmal füllen Sie das Regeneriersalz Ihres Geschirrspülers nach. Vielleicht wissen Sie gar nicht, dass Ihr Geschirrspüler Regeneriersalz braucht, und zwar sehr dringend, weil es ihm sonst richtig übel geht.

Den Deckel für den Regeneriersalzbehälter finden Sie bei den meisten Geräten neben dem Verschluss des Filters. Sie erkennen diesen Behälter daran, dass er bis obenhin mit Wasser gefüllt ist, wenn Sie ihn aufschrauben. Viele unserer Kunden denken, dass genau dieses Wasser der Grund dafür ist, weshalb Sie kein Salz einfüllen dürfen. Ein Irrtum. Denn das Regeneriersalz eines Geschirrspülers besteht aus Steinchen, die schwerer sind als Wasser und deshalb darin absinken. Wenn Sie Tabs verwenden, in denen das Regeneriersalz schon mit drinnen ist, können Sie sich das Extra-Regeneriersalz sparen.

Wenn Sie den Behälter wieder geschlossen haben, sollten Sie mit der Reinigung gleich fortfahren. Den Filter haben Sie schon gereinigt, nun sollten Sie sich mit Geschirrspülmittel und einem groben Schwamm über die Schienen der Laden

Der Siphonanschluss zwischen dem Geschirrspüler und dem Abfluss kann verstopft sein.

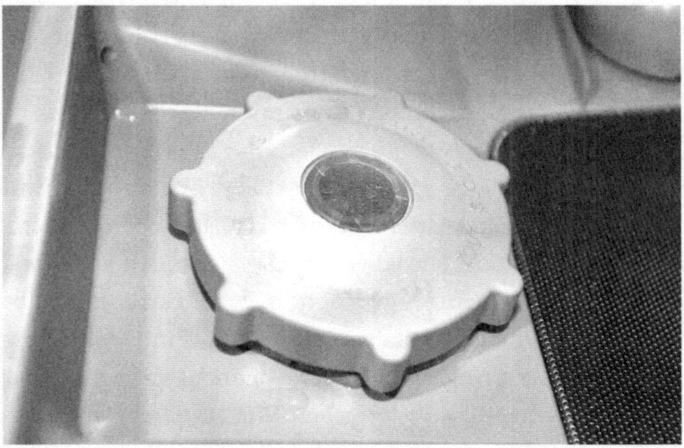

Die Regeneriersalze in so einem Behälter sorgen dafür, dass das Wasser weich wird.

hermachen, denn auch dort sammeln sich Speisereste und Fett an, und zwar nicht zu wenig.

Als nächstes reinigen Sie die Sprüharme. Die kleinen Löcher, aus denen das Wasser kommt, verstopfen leicht. Wenn aus mehreren davon kein Wasser kommt, ist das Waschergebnis logischerweise schlechter.

Die Sprüharme lassen sich leicht aus dem Geschirrspüler herausnehmen. Es gibt bei den meisten Geräten einen einfachen Schraub- oder Steckmechanismus. Danach stochern Sie ein bisschen mit etwas Spitzem, zum Beispiel einem Schaschlik-Spieß oder einem Zahnstocher, in den Löchern herum, bis sie wieder frei sind. Das Ganze am besten unter laufendem Wasser.

Zum Abschluss lassen Sie, wie bei der Reinigung Ihrer Waschmaschine, einen heißen Spülgang leer durchlaufen, nachdem Sie fünfzig Gramm Zitronensäure oder einen Achtelliter Haushaltsessig in den Innenraum gegeben haben.

SECHS. *Dampfbügeleisen dampft nicht mehr.* Als ich jung war, war ein Dampfbügeleisen in unserem Haushalt noch ein wertvoller Gegenstand, den wir sorgfältig behandelten. Inzwischen hat sich da einiges geändert. In den Elektroketten gibt es Billigdampfbügeleisen bereits um 9,90 Euro und selbst Geräte von vermeintlichen Qualitätsmarken wie *Braun* sind zu Preisen unter 40 Euro zu haben. Wie auch bei Handrührgeräten liegt hier der Impuls nahe, das Ding bei der ersten Macke wegzuwerfen. Trotzdem bringen Kunden ihre defekten Bügeleisen bisweilen zu uns, und oft ist ihnen sehr einfach zu helfen. So einfach, dass sie es auch selbst hätten tun können. Denn, wenn ein Dampfbügeleisen nicht mehr richtig dampfen will, dann ist es meistens verkalkt. Konkret bedeutet das, dass die kleinen Löcher, aus denen der Dampf dringen sollte, mit Kalkablagerungen verlegt sind und sich deshalb das steife Jeanshemd einfach nicht mehr glatt kriegen lässt.

Zitronensäure oder Essig, denken Sie jetzt wahrscheinlich, aber diesmal bitte nicht. Weil sich der Fassungsraum für das Wasser nicht so gut reinigen lässt, können Rückstände bleiben, die dann möglicherweise beim Bügeln hässliche Streifen auf der Wäsche hinterlassen. Besorgen Sie sich deshalb lieber im Drogeriemarkt ein industriell hergestelltes Entkalkungsmittel, füllen sie es in den Wassertank, füllen sie ihn mit Wasser auf, erhitzen sie es im Badezimmer und drücken sie über dem Waschbecken immer wieder auf den Dampfknopf. Nach und nach wird der Dampf den Kalk aus den Öffnungen pressen. Machen Sie das so lange, bis der Tank leer ist.

Neuere Bügeleisen haben ein »Entkalkungsprogramm«, das aber eher in der Kategorie Innovationslüge anzusiedeln ist. Denn in diesem Programm tut das Bügeleisen auch nichts anderes als beim oben beschriebenen Reinigungsablauf. Das Reinigungsprogramm hat immerhin den Vorteil, dass es Besitzer so eines Gerätes überhaupt auf die Idee bringt, es versuchsweise zu reinigen, statt gleich wegzuwerfen.

Wenn Sie diese kleine »Reparatur« von Zeit zu Zeit durchführen, können Sie weiterhin Ihr Bügeleisen mit Leitungswasser füllen und brauchen keine schweren Kanister mit destilliertem Wasser nach Hause schleppen.

SIEBEN. *Staubsauger saugt nicht mehr richtig.* Wie Sie den Beutel Ihres Staubsaugers tauschen und dass Sie das überhaupt von Zeit zu Zeit tun müssen, erkläre ich Ihnen jetzt nicht. Ich gehe davon aus, dass Sie das wissen, obwohl wir uns auf eine Gesellschaft zubewegen, in der auch dieses Wissen bald unter Geheimtipps fällt. Wie gesagt: Wenn sich alles so weiter entwickelt wie bisher, werden uns die Elektro-Multis eines Tages so weit haben, dass wir einen neuen Staubsauger kaufen, weil der Beutel voll ist.

Was Sie aber vielleicht nicht wissen: Wenn Sie den Beutel ausgetauscht haben (ich will ja nicht schon wieder von den guten alten Zeiten anfangen, aber eigentlich hat es Sinn gemacht, dass sich diese Beutel früher einmal ausleeren und wiederverwenden ließen) und die Saugleistung nach wie vor zu wünschen übrig lässt, gibt es noch etwas, das Sie selbst tun können. Denn in diesem Fall liegt der Verdacht nahe, dass die Filter Ihres Staubsaugers verstopft sind. Wenn Sie das überprüfen wollen, müssen Sie den Staubsauger so öffnen, als würden Sie den Beutel tauschen. Kommt Ihnen jetzt der Staub schon entgegen und ist auch das Gehäuse voller Staub, weil Sie den Staubbeutel doch ein wenig zu lange nicht getauscht haben, entsorgen Sie gleich als erstes den Beutel. Dann reinigen

Sie das Gehäuseinnere mit einem Handstaubsauger, damit auch dieses Wegwerfgerät einmal für etwas gut ist, oder mit einem feuchten Tuch. Wenn Sie letzteres verwenden, müssen Sie den Innenraum unbedingt trocknen lassen, bevor Sie den neuen Beutel einsetzen.

Dann können Sie sich an die Filter machen. In der Nähe des Beutels finden Sie den Motorschutzfilter ihres Staubsaugers. Dessen Aufgabe besteht, wie sein Name schon sagt, darin, den Motor vor dem feinen Staub zu schützen, der eventuell durch den Beutel dringen kann.

Der Motorschutzfilter ist in der Regel ein Rechteck aus Kunststoffgewebe, das in einer Halterung unmittelbar vor dem Motor steckt. Meist lässt sich die Halterung samt dem Filter herausnehmen. Falls Sie sich fragen, woher Sie den neuen Filter kriegen, schauen Sie bitte beim nächsten Kauf von Staubsaugerbeuteln genauer in der Verpackung nach. Darin befindet sich so ein weiches Kunststoffrechteck, von dem Sie sich bisher vielleicht gefragt haben, was das eigentlich soll, und es gleich weggeworfen haben.

Dieses Kunststoffgewebe müssen Sie allenfalls noch auf die benötigte Größe zurechtschneiden und in die vorgesehene Halterung einlegen.

Sollte die Saugleistung des Gerätes noch immer nicht perfekt sein, gibt es noch einen zweiten Filter, auf den Sie Ihr Augenmerk legen sollten, der sogenannte Abluftfilter. Seine Aufgabe besteht darin, die Luft zu filtern, ehe sie wieder in den Raum dringt.

Beim Tauschen des Beutels sollten Sie auch gleich den Filter kontrollieren.

Ist Ihnen dieses Rechteck aus Kunststoffgewebe schon einmal aufgefallen? Es ist nicht so nutzlos, wie Sie bisher vielleicht dachten.

Dieser Filter ist entweder auch über die Beutelkammer oder von außen zugänglich. Suchen Sie dort, wo Sie die Luftschlitze sehen. Wenn Sie den Abluftfilter nicht gleich finden, sehen Sie lieber in der Bedienungsanleitung nach. Der Abluftfilter ist ebenso wie der Motorschutzfilter ein Kunststoffgewebe, das Sie auf die gleiche Weise bekommen. Es kann aber auch sein, dass Sie einen Staubsauger mit einem Filter des Typs *HEPA (High Efficiency Particulate Air)* besitzen. In dem Fall gehen Sie bei Reinigung oder Tausch dieses Filters bitte streng nach Ihrer Bedienungsanleitung vor.

Die Filter regelmäßig zu kontrollieren, macht jedenfalls Sinn. Denn sind sie stark verstopft, kommt nicht mehr genug kühlende Luft an den Motor und er überhitzt. Auf Dauer bewirkt das einen Motorschaden. Sicher kaputt ist Ihr Staubsaugermotor, wenn Sie den alten Motorschutzfilter herausnehmen und vergessen, einen neuen einzusetzen.

ACHT. *Laptop überhitzt.* Es gibt ein paar Reparaturen, die Sie sich zu Unrecht nie zutrauen würden. Da Sie mir nun schon bis hierher im Text gefolgt sind, traue ich Ihnen jedenfalls auch die Light-Version einer kleinen Standard-Reparatur an Ihrem Laptop zu. Geeignet ist sie für den Fall, dass das Kühlsystem Ihres Laptops ständig hörbar läuft, was es dann tut, wenn der Laptop überhitzt. Im Extremfall kann das dazu führen, dass der Laptop ständig abstürzt und Sie ihn auskühlen lassen müssen, ehe Sie ihn wieder hochfahren können. Das Problem in so einem Fall ist der Staub. Das Kühlsystem des Laptops funktioniert über einen Ventilator, der im Inneren ein Gas kühlt, das wiederum die elektronischen Elemente kühlt. Über diesen Ventilator gerät Staub ins Innere des Laptops. Und zwar mit der Zeit immer mehr. Der Staub verteilt sich überall im Laptop, sammelt sich aber vor allem im Ventilator selbst. Von dort kriegen Sie ihn mit etwas gutem Willen auch selbst heraus.

Vorweg: In der Bedienungsanleitung brauchen Sie in diesem Fall erst gar nicht nachzuschlagen, denn so einen Eingriff empfiehlt Ihnen der Hersteller eher nicht.

Zuerst schalten Sie das Gerät aus. Nehmen Sie es vom Netz und stecken Sie alle Peripherie-Geräte wie USB-Sticks, Boxen oder Maus aus. Nehmen Sie, falls das möglich ist, auch den Akku heraus.

Drehen Sie den Laptop dann um, sodass Sie seinen Boden vor sich haben. Legen Sie vielleicht etwas Weiches unter, damit Sie nicht die glatte Oberfläche zerkratzen. Jetzt müssen Sie Glück haben, denn nur in diesem Fall finden Sie Schrauben vor, für die Sie einen Schraubenzieher haben. Wenn Sie Pech haben, handelt es sich um Spezialschrauben, für die Sie sich, wie etwa bei *Apple*-Geräten, erst einen Schraubenzieher bestellen müssen. Diese Schraubenzieher unterscheiden sich dann auch oft noch je nach *Apple*-Modell. Haben Sie den Schraubenzieher, gehen Sie wie folgt vor: Öffnen Sie alle sichtbaren Schrauben und nehmen Sie den Boden ab. Jetzt liegen die elektronischen Bauteile Ihres Laptops offen vor Ihnen.

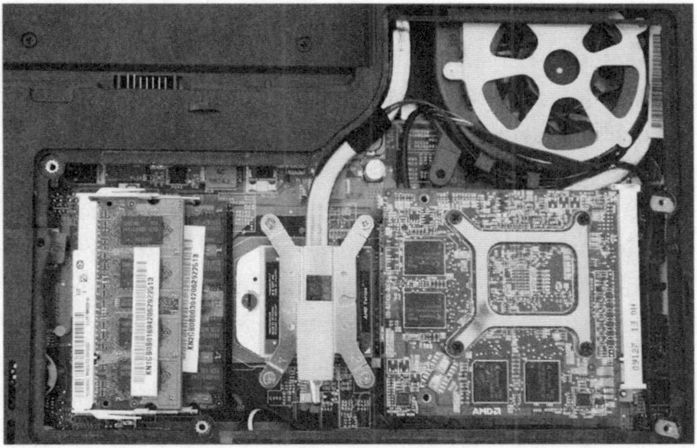

Den Ventilator erkennen Sie daran, dass er wie ein Ventilator aussieht und sich drehen lässt.

Sogar bei *Apple*-Produkten sieht ein Ventilator wie ein Ventilator aus.

Jetzt holen Sie Ihren Staubsauger und starten ihn mit Düsenaufsatz auf kleinster Stufe. Saugen Sie vorsichtig und mit Rücksicht auf die anderen Bauteile den Ventilator ab. Erschrecken Sie nicht, wenn er sich dabei schnell und hörbar zu drehen beginnt. Das ist eine normale Reaktion auf die zirkulierende Luft und ein gutes Zeichen, weil er andernfalls kaputt wäre.

Wenn Sie sehen, dass sich auf dem Ventilator danach noch immer Staub befindet, der womöglich schon fest zusammengepresst ist, arbeiten Sie mit einem Pinsel oder einem anderen Gerät Ihres Ermessens daran. Eventuell schaffen Sie es auch mit den Fingerspitzen.

Schrauben Sie den Laptop wieder zusammen und freuen Sie sich über sein neues geräuschloses Leben.

NEUN. *Kaffeevollautomat produziert schlecht schmeckenden Kaffee.* Das Herzstück Ihres Kaffeevollautomaten ist die sogenannte Brühgruppe. Sie ist die letzte Station des Kaffees vor der Tasse. Sie ist damit ein stark beanspruchter Teil des Gerätes, dennoch erfasst die standardmäßige Reinigung eines solchen Gerätes sie nicht ausreichend. Wenn sich in der Brühgruppe dann feuchte Kaffeebrösel sammeln und dort ihr chemisches Eigenleben entwickeln, schmeckt der Kaffee schnell einmal angebrannt oder bitter. Längerfristig kann das nicht nur Ihrer Laune am Morgen, sondern auch Ihrer Gesundheit schaden.

Jetzt gibt es zwei Möglichkeiten: Entweder die Brühgruppe lässt sich ganz einfach ausbauen, oder gar nicht.

Ich bleibe hier logischer Weise bei ersterem Fall. Gelingt es Ihnen, ist die Sache eigentlich auch schon wieder erledigt. Sie spülen sie gründlich mit heißem Wasser und ohne Spülmittel (das ruiniert die Dichtungen) aus, setzen sie wieder ein und fertig. Der Kaffee schmeckt wieder so gut wie zu den besten Zeiten des Gerätes. Lässt sie sich nicht abnehmen, brauchen Sie einen Handwerker.

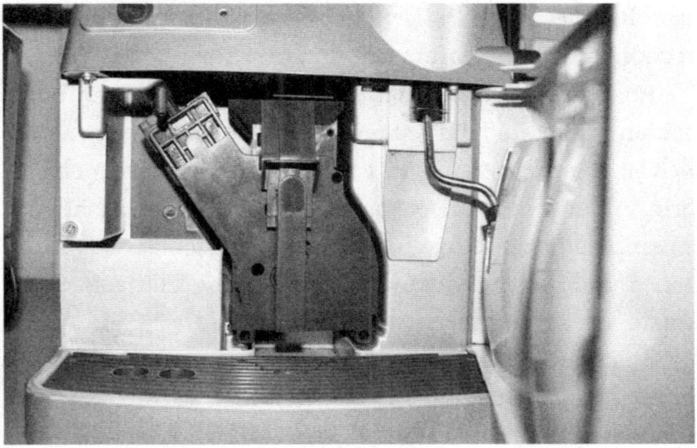

Wenn Sie Glück haben, lässt sich die Brühgruppe Ihres Kaffeevollautomaten ganz einfach abnehmen. Wenn nicht, achten Sie beim nächsten Kauf eines solchen Gerätes darauf, dass es so ist.

ZEHN. *Kaffeevollautomat produziert keinen oder schlechten Milchschaum.* Die neueren Kaffeevollautomaten schäumen auch gleich die Milch für den Cappuccino auf. Die besonders raffinierten verfügen über einen integrierten Milchtank oder nehmen die Milch über einen Schlauch direkt aus der Packung. Was neben dem neuen Komfort auch eine neue Fehlerquelle bedeutet.

Die Besitzer so einer Kaffeemaschine haben dann zwei Möglichkeiten. Entweder sie laufen zu George Clooney oder einer preisgünstigeren, nicht von ihm beworbenen Kapsel-Kaffeemaschine über, bei der sie bis zu 90 Euro je Kilo Kaffee bezahlen. Oder sie bringen Ihr defektes High-Tech-Gerät zum Beispiel zu uns, was viele Besitzer angesichts der doch recht hohen Preise dafür auch tun.

Im Grunde geht es hier um Milch, die nicht im Kühlschrank steht, und die genau das tut, was für sie ganz natürlich ist. Sie verdirbt, und ihre verdorbenen Reste werden klebrig, zäh und verklumpen sich. Deshalb müssen Sie, falls Sie so eine Kaffeemaschine haben, die Zulaufschläuche für die Milch und die Aufschäumdüse regelmäßig reinigen. Sonst verstopft die verdorbene Milch allmählich die Zuläufe.

Zunächst kommt kein schöner Milchschaum mehr aus der Düse, und in der ungeschäumten Milch schwimmen üble Bröckchen herum. Am Ende geht gar nichts mehr und es kommt weder Schaum noch warme Milch heraus.

Die Aufschäumdüse können Sie bei den einfacheren Geräten nach jeder Verwendung abnehmen und mit heißem Wasser ausspülen. Jene Teile, die Sie nicht demontieren können, reinigen Sie am besten hin und wieder mit einem Pfeifenreiniger. Alle Teile, die Sie demontieren können, legen Sie in ein Gefäß mit warmem Wasser und Handspülmittel oder Sie waschen sie im Geschirrspüler mit. Ihr Gerät wird es Ihnen mit vielen guten Cappuccinos danken.

ELF. *Der Fernseher bleibt schwarz und stumm.* Auch hier laufe ich Gefahr, dass Sie mir gleich sagen werden: »Um mir das zu sagen, nehmen Sie es in Kauf, dass Bäume abgeholzt werden?« Doch ich tue es mit gutem Gewissen, denn auch hier gilt: Es kommen tatsächlich ständig Kunden in unser *Reparatur- und*

Servicezentrum, die sich den Weg und die Mühe hätten sparen können, wenn Sie den folgenden Ratschlag beherzigt hätten: Wenn der Fernseher nicht funktioniert, kontrollieren Sie bitte, ob alle Kabel dort sind, wo sie hingehören, oder eins aus dem Stecker gerissen ist, zum Beispiel, weil jemand darüber gestolpert ist. Schauen Sie auch, ob sie intakt sind.

Unser Fernsehtechniker ist auch schon zu einem Kunden gekommen, bei dem er den Fernseher nur anstecken musste. Die Putzfrau hatte ihn zugunsten des Staubsaugers abgesteckt und hinterher darauf vergessen.

Kaputt gehen besonders leicht billige Scart-Kabel, erkennbar daran, dass in ihren Steckern Metallteilchen fehlen. Das passiert vor allem, wenn Sie die Kabel oft umstecken oder insgesamt etwas grob behandeln. Etwa dann, wenn Sie mit dem Stecker nicht gut an die Buchse herankommen und sich blind dorthin vortasten müssen. Dann kaufen Sie einfach ein neues Kabel.

Oft sagt ein Kunde auch: »Beim Fernseher leuchtet das grüne Licht, beim DVD-Player auch, trotzdem bleibt der Bildschirm schwarz.« In diesem Fall ist es fast immer das Verbindungskabel zwischen DVD-Player und dem Fernseher.

Kontrollieren Sie bitte auch, ob Sie auf der Fernbedienung den richtigen Eingang eingestellt haben. Wenn Sie, zum Beispiel, Ihren DVD-Player an der Rückseite Ihres Fernsehers bei der Buchse AV3 anstecken, können Sie, wenn Sie AV1 eingestellt haben, noch so lange mit der flachen Hand auf den Fernseher klopfen, es wird Ihnen nichts nützen.

Das Feld der möglichen Falscheinstellungen bei Fernsehern ist groß und weit. Doch während die Kulturtechnik des Reparierens unserer Gesellschaft abhandengekommen ist, gewinnt die des Umgangs mit derartigen Einstellungen dazu. Wie es früher in jedem Freundeskreis jemanden gab, der eine Waschmaschine reparieren konnte, gibt es jetzt jemanden, der gut mit solchen Einstellungen umgehen kann. Bevor Sie den Fernsehtechniker alarmieren, sehen Sie sich also um, und wenn Sie so eine Person gefunden haben, servieren Sie Ihr Kaffee (falls nicht die Kaffeemaschine das Problem ist) und Kuchen, Sie werden sie bestimmt bald wieder brauchen.

Zum Abschluss noch drei Tipps, die Sie bei Ihren Geräten immer berücksichtigen sollten, bevor überhaupt Probleme auftreten. Sie werden sich damit Reparaturkosten sparen.

TIPP EINS. *Nie Standby oder immer.* Es gibt einen Grund, weshalb sich Defekte vor allem bei Fernsehern und Audiogeräten nach der Urlaubszeit mehren. Ihre Besitzer kommen aus Phuket oder Brindisi nach Hause, schalten den Fernseher ein und er geht nicht mehr. Das hat dann meistens mit ihrer Handhabung des Standby-Modus´ zu tun: Sie lassen den Fernseher immer in diesem Modus laufen (sie schalten aus, aber das rote Lichtchen leuchtet weiter), bloß wenn Sie auf Urlaub fahren, drücken Sie auf die Aus-Taste am Gerät oder ziehen den Stecker.

Bloß das birgt ein Risiko. Für den Standby-Modus sorgen so genannte Standby-Kondensatoren im Netzteil. In diesen

Kondensatoren befindet sich eine Flüssigkeit. Ist das Netzteil immer warm, trocknet diese Flüssigkeit allmählich aus. Ist sie ein wenig ausgetrocknet, braucht der Fernseher, nachdem er ganz ausgeschaltet war, lange, bis sich ein Bild zeigt. Ist die Flüssigkeit ganz ausgetrocknet, lässt er sich nach dem Komplett-Ausschalten gar nicht mehr einschalten.

Deshalb ist es, ganz abgesehen von dem durch den Standby-Modus bedingten Stromverbrauch, sinnvoll, das Gerät immer ganz abzuschalten. Wer sich daran nicht gewöhnen kann, der lässt es dann besser immer im Standby-Modus laufen, auch wenn er nach Phuket oder Brindisi fährt. Vor einem Stromausfall in der Wohnung ist allerdings niemand sicher, weshalb diese Lösung immer nur die zweitbeste ist.

TIPP ZWEI. *Waschmaschine richtig aufstellen.* Achten Sie darauf, dass Sie Ihre Geräte der Bedienungsanleitung entsprechend in der richtigen Umgebung richtig aufstellen. Bei vielen Geräten werden Sie dort finden, dass sie keiner direkten Sonneneinstrahlung ausgesetzt sein sollen, was klar ist: Sie trägt zu ihrer Überhitzung bei.

Bei einer Waschmaschine ist besonders wichtig, an den einstellbaren Füßchen so lange zu drehen, bis sie jedem Wasserwagentest standhält. Stehen Waschmaschinen einfach so auf nur leicht geneigten Flächen oder unebenen Böden, wie sie in Altbauwohnungen oft zu finden sind, sind sie beim Schleudern einseitig belastet, weshalb das Lager des Laugenbottichs eher kaputt wird. In so einem Fall gilt dann auch, wie in der Bedienungsanleitung nachzulesen ist, keine Garantieverpflichtung.

Waschmaschinen dürfen auch nicht an Orten stehen, an denen es frieren kann, etwa in Kellern oder Schuppen. Denn in einer Waschmaschine befindet sich immer ein Rest Wasser, der das Gerät zerstört, wenn er zu Eis gefriert. Schützen Sie deshalb auch fabrikneue Geräte unbedingt vor Minusgraden. Sie kurz im Keller oder einem Schuppen zwischenzulagern, geht im Winter nicht. Denn der Hersteller hat sie einem Test unterzogen, weshalb auch in ihnen Wasser steht.

TIPP DREI. *Akkus schonen.* Eine Sache, die sich mit der Erfindung der Handys allmählich herumzusprechen begann, die aber trotzdem hier erwähnt sein soll, ist der richtige Umgang mit Akkus. Besonders wichtig ist das bei Geräten, in denen sich Akkus, wie bei elektrischen Zahnbürsten, nicht mehr tauschen lassen.

Der typische Fehler besteht darin, die Zahnbürste – oder jedes andere Gerät – aus der Ladestation zu nehmen, sich die Zähne zu putzen und sie danach wieder dahin zurückzustellen. Sorgen Sie stattdessen dafür, dass Sie die Zahnbürste – oder jedes andere Gerät – solange benützen, bis der Akku spürbar schwächer wird, bevor Sie ihn wieder aufladen. Das erhält seine Speicherfähigkeit.

Nach dem Neukauf sollten Sie jedes Gerät mit Akku vor der Inbetriebnahme einmal bis zum Anschlag aufladen, aber halten Sie sich da immer an die Bedienungsanleitung, denn jeder Akkutyp funktioniert ein wenig anders. Was auf so gut wie jeden Akku in unseren Alltagsgeräten zutrifft, ist, dass ihm Hitze (direkte Sonneneinstrahlung) und Kälte schaden.

Der richtige Umgang mit einem Reparateur

Letztendlich steht er dann trotz aller Vorkehrungen im Vorzimmer – der Mann im Overall mit der Firmenaufschrift und der Werkzeugkiste. Wird er ehrlich sein? Was muss ich tun, damit er es ist? Wie kriege ich ihn dazu, dass er meine Interessen vertritt und nicht die irgendeines Elektro-Multis, der ihn angestiftet hat, mir mit faulen Ausreden neue Geräte aufzuschwatzen? Hier die sechs wichtigsten Regeln für den Umgang mit Servicetechnikern.

EINS. *Die Auswahl.* Sorgen Sie dafür, dass der Handwerker, den Sie rufen, überhaupt für Ihr Problem zuständig ist. Bei Haushaltsgroßgeräten wie Geschirrspülern oder Waschmaschinen rufen Kunden schon einmal versehentlich einen Gas- und Wasserinstallateur, in Deutschland auch Klempner genannt, an. Manche dieser Installateurbetriebe bieten einen Reparaturnotdienst an und scheinen deswegen in der *Google*-Suchliste auf. Wenn Sie nun dort anrufen und erklären, dass Sie ein Problem mit Ihrem Geschirrspüler haben, müssten Sie am Telefon eigentlich die Antwort erhalten: »Tut mir leid, für Elektrogeräte sind wir nicht zuständig.« Der Installateur hat bei seiner Berufsausbildung gelernt, wie er Wasserleitungen verlegt, Gasetagenheizungen einbaut oder eine neue Duschkabine installiert.

Wenn er bei Ihnen ist, erkennen Sie ihn daran, dass er bei einem Waschmaschinendefekt folgendes tut: Er schraubt den Abflussschlauch ab und sieht nach, ob der Abfluss in der Wand verstopft ist. Was einigen Aufwand bedeutet, vor allem bei Geschirrspülern, die meist Einbaugeräte sind.

Ist der Abfluss in der Wand tatsächlich verstopft, haben Sie Glück gehabt. Die Wahrscheinlichkeit ist allerdings nicht sehr hoch. Wenn eine Waschmaschine nicht funktioniert, liegt das eher am Gerät selbst.

Als nächstes wird der Gas- und Wasserinstallateur wahrscheinlich sagen, dass es sich nicht mehr auszahlt, das Gerät zu reparieren, und sie sich besser ein neues kaufen sollten. Womit er wieder ganz der Richtige wäre, denn Waschmaschinen anzuschließen, gehört auch zu seinem Metier.

Wenn er vorschlägt, das Gerät mitzunehmen, sollten Sie jedenfalls dankend ablehnen. Denn in dem Fall wird es richtig teuer. Selbst wenn er einen Kollegen hat, der sich auskennt, kommen die Kosten für den zweimaligen Transport der Waschmaschine zu den Reparaturkosten dazu.

Die Berufsbezeichnung des Mannes, den Sie wirklich brauchen, lautete früher Elektromechaniker. Jetzt sind diese Herren unter der offiziellen Berufsbezeichnung »Mechatroniker« unterwegs.

ZWEI. *Das Telefonat.* Erklären Sie dem Handwerker, den Sie anrufen, schon am Telefon genau, was Ihr Gerät macht und was es nicht macht. Führen Sie das Telefonat am besten von daheim aus, damit Sie Detailfragen des Handwerkers wie etwa nach der genauen Type oder der Seriennummer beantworten können. »Ein schleifendes« Geräusch kann dem Mann schon mehr Aufschlüsse geben als »ein Geräusch« oder »ein komisches Geräusch«. Schließlich hat er tagaus tagein mit solchen Geräuschen zu tun und kann sich bei genauer Erklärung vielleicht schon ein gutes Bild von dem Schaden machen.

Eventuell wird der Handwerker am Telefon sagen: »Da ist wahrscheinlich die Elektronik kaputt.« Das liegt, zum Beispiel, dann nahe, wenn das Display blinkt.

In diesem Fall sollten Sie fragen: »Reparieren Sie die Elektronik?«

Wenn die Antwort lautet, »reparieren geht gar nicht«, bedanken Sie sich freundlich und rufen die nächste Werkstatt in der *Google*-Liste an. Ist dort die Reparatur grundsätzlich möglich, sollte Ihre nächste Frage lauten: »Bringen Sie für den Fall der Fälle einen Lötkolben und Ersatz-Elkos mit?«

Die Frage erscheint Ihnen vielleicht seltsam, aber tatsächlich haben viele Handwerker einen Lötkolben, mit dem sie zum Beispiel einen neuen Elko einlöten könnten, sowie Ersatz-Elkos erst gar nicht mehr in ihrer Werkzeugkiste.

Auch den Preis für die Reparatur sollten Sie gleich am Telefon ansprechen. Eine Ferndiagnose samt Kostenvoranschlag wird jedem Handwerker zu riskant sein, aber Sie können nach den Abrechnungsmodalitäten fragen. Wird etwa nach angebrochenen Stunden verrechnet, ist das meist teurer als eine Abrechnung nach Viertelstunden.

Erfragen Sie auch, wie viel die Anfahrt kostet, denn hier gibt es beträchtliche Unterschiede. Fragen Sie, wie es mit einer zweiten Anfahrt steht, sollte der Handwerker zum Beispiel ein für die Reparatur erforderliches Ersatzteil nicht dabei haben. Die zweite Anfahrt sollte jedenfalls nicht gleich viel kosten wie die erste, oft ist sie überhaupt kostenlos.

Bei Geräten, die Sie selbst transportieren können, zahlt es sich meist aus, sie zum Handwerker zu liefern.

DREI. *Die Bestimmung der Arbeitszeit.* Wenn der Handwerker Ihre Wohnung betreten hat und Sie ihm lächelnd die Hand geschüttelt haben, sollte Ihr nächster Blick Ihrer Uhr gelten. Merken Sie sich die Zeit, dann sind Sie in diesem Punkt sicher vor »Irrtümern«. Die laufende Stoppuhr auf den Tisch zu legen, kommt vielleicht weniger gut, außer er tut es selbst. Als wir einmal die Effizienz von Handwerkern getestet haben, fiel uns einer, der das getan hat, nach 15 Minuten fertig war und auch wirklich nur 15 Minuten verrechnet hat, besonders positiv auf. Der Mann war auch sonst besonders korrekt.

Wenn einer Zeit schindet, sollten Sie eingreifen. Etwa wenn er sich in den Rahmen der Küchentür lehnt, um ein bisschen zu plaudern, während er probeweise einen Waschgang des Geschirrspülers leer durchlaufen lässt, um dabei herauszufinden, was Sie ihm schon gesagt haben: Dass das Wasser nicht warm wird, zum Beispiel. Soziale Interaktion ist wichtig, aber in dieser Situation ziemlich teuer. Weshalb es nicht schaden kann, wenn Sie den Mann gleich zu Beginn fragen, wie lange er etwa brauchen wird. Sie können ja so tun, als wären Sie in Eile, was meistens ja wohl auch stimmt. Wenn einer dann immer noch tratschen will, können Sie noch eins draufsetzen. »Ich bin etwas in Eile«, sagen Sie dann. »Könnten Sie bitte weitermachen?«

Gerade bei freundlichen und kompetenten Handwerkern werden Sie dieses Problem aber ohnedies nicht haben. Denn die haben volle Terminpläne und sind selbst interessiert daran, möglichst rasch zum nächsten Kunden zu kommen. Verzögert sich ein Termin, haben sie ein Problem, weil der nächste Kunde über ihre Verspätung sauer ist.

VIER. *Lassen Sie sich alles erklären.* Als wir bei einem Test einmal einen Geschirrspüler mit defekter Heizung reparieren ließen, kamen gleich zwei Handwerker. Der eine plauderte mit unserer vermeintlichen Kundin, der andere schraubte den Abfluss des Waschbeckens auf. Schließlich ließen die beiden – ich habe den Fall oben schon angedeutet – einen etwa zwanzigminütigen Waschgang durchlaufen. Anschließend hielt einer die Hand ins Innere des Geschirrspülers. »Der ist nicht warm geworden«, sagte er. »Da ist die Heizung kaputt.« Womit wir dreißig Minuten nach ihrem Eintreffen wieder genau am Anfang waren. Denn dass die Heizung kaputt war, beziehungsweise dass sich der Geschirrspüler nicht aufheizte, hatte die »Kundin« bereits beim Telefonat und dann noch einmal beim Eintreffen der Beiden kundgetan.

Weshalb es vernünftig ist, wenn Sie mit dem Handwerker von Anfang an darüber sprechen, was er sieht, was das bedeutet und was er tut, sich alles erklären lassen und mitdenken. Dann können Sie, wenn der Handwerker wegen eines nicht warm werdenden Geschirrspülers den Abfluss des Waschbeckens auf Verstopfung kontrolliert, fragen: »Warum tun Sie das jetzt?«

Denn der Abfluss des Waschbeckens kann zwar an einem Geschirrspülerproblem mit schuld sein, aber nicht, wenn das Gerät das Wasser nicht mehr aufheizt. Lassen Sie sich auch nicht mit halben Antworten wie »Das sehen Sie dann schon« abspeisen, denn es ist Ihr gutes Recht, Antworten zu bekommen. Vor allem wenn ein Handwerker ein Gerät mitnehmen will, sollten Sie sich genau erklären lassen, wozu das gut ist.

FÜNF. *Der Umgang mit der Killerphrase.* Sollte der Handwerker nach seinen Checks den bewussten Satz zu Ihnen sagen, »das zahlt sich nicht mehr aus«, sollten Sie das auf keinen Fall einfach so hinnehmen. Dass Sie den Handwerker überhaupt gerufen haben, bedeutet ja, dass Ihnen die Reparatur des betreffenden Gerätes am Herzen liegt und Sie es noch gerne behalten würden. Lassen Sie sich also genau erklären, um was für einen Defekt es sich handelt und warum sich die Reparatur nicht mehr auszahlt. Wenn der Handwerker sagt, »die Elektronik ist kaputt«, sollten Sie auf jeden Fall skeptisch sein und nachfragen, ob vielleicht nur ein Elko geplatzt ist und er ihn austauschen kann. Vielleicht hat er sich die Elektronik ja nicht einmal angesehen und tut es jetzt. Mein eigener Geschirrspüler läuft wie eingangs erwähnt noch immer wunderbar, obwohl er vor mehr als zwanzig Jahren die Diagnose »zahlt sich nicht mehr aus« bekam.

Bringen Sie den Handwerker trotz allem nicht dazu, das Gerät noch zu reparieren, setzen Sie auf Zeit. Er wird Ihnen anbieten, dass er Ihnen eine neue Waschmaschine oder was auch immer besorgt und Sie dafür nichts für seinen Besuch zahlen müssen, oder er Ihnen einen guten Preis dafür macht. Auch wenn das Angebot verlockend klingt, bitten Sie um Bedenkzeit, nicht nur, weil einem über Nacht manchmal die besten Ideen kommen. Sie wissen ja jetzt auch, was das Problem ist, und können ein bisschen herumtelefonieren. Vielleicht finden Sie einen Handwerker, der gewillt ist, es zu beheben, und fragen kostet nichts.

SECHS. *Positive und negative Rückmeldung.* Sollten Sie mit dem Handwerker zufrieden gewesen sein, geben Sie ihm ein Trinkgeld. Er wird deshalb keinesfalls beleidigt sein, sondern sich vielmehr freuen. Legen Sie die Höhe nach eigenem Ermessen fest, und wenn Sie besonders zufrieden waren, tun Sie das auch im Internet kund. Sie finden dort Firmenverzeichnisse, in denen Sie den Betrieb bewerten können. Dort können Sie es auch deponieren, wenn Sie besonders unzufrieden waren, um andere Kunden zu warnen – zum Beispiel, wenn ein Handwerker zuerst leichtfertig mit der von Ihnen bezahlten Zeit umgegangen ist und dann nichts zusammengebracht hat.

Fünf Einkaufstricks

Chique und aktuell soll es sein, es soll tolle Funktionen haben, uns Freude machen, und unsere Freunde sollen uns dafür nach Möglichkeit ein bisschen bewundern oder gar beneiden. Diese Motive bei der Auswahl eines neuen Gerätes sind völlig in Ordnung. Bloß sollte es da noch eine zweite Ebene von Entscheidungskriterien geben. Dinge, auf die wir achten sollten, um möglichst lange Freude mit unserem Gerät zu haben. Hier ohne Anspruch auf Vollständigkeit eine Liste der einfachsten Punkte, die vermeiden helfen, dass wir allzu schnell reparieren lassen oder neu kaufen müssen.

EINS. *Lassen Sie sich Zeit.* Wenn Ihre Waschmaschine gerade kaputt gegangen ist, Sie rasch wieder Wäsche waschen wollen und im Moment gerade nicht im Geld schwimmen, haben Sie ein Problem. Dann erliegen Sie leicht der Verführung der Billigprodukte, die Ihr Problem in Wirklichkeit nur vertagen und am Ende, wie vorgerechnet, sogar teurer sind.

Es gibt Auswege. In Wien, zum Beispiel, verfügen viele Häuser über Waschküchen. Da ärgern Sie sich vielleicht manchmal, weil gerade alle Maschinen besetzt sind, und vielleicht fühlen Sie sich im Keller, zumal in den Abend- und Nachtstunden, unwohl, aber eine Übergangslösung können sie trotzdem sein. Und apropos soziale Interaktionen. Es gibt auch Waschsalons, die, zumindest für eine überschaubare

Zeit, gar nicht so schlecht sind und tolle Geräte haben. Vielleicht ist der Grund für Ihren Neukauf ja auch gar nicht ein Defekt der alten Maschine, sondern Sie ziehen mit Ihrem Lebensabschnittspartner zusammen, haben ihre alten Maschinen auf dem Gebrauchtmarkt veräußert und kaufen sich jetzt eine große. Oder Sie wollen gar keine Waschmaschine kaufen, sondern einen Fernseher oder eine Mikrowelle, dann können Sie sich bei der Auswahl des neuen Produktes ebenfalls Zeit lassen.

Warum das so wichtig ist? Erstens können Sie dann Ihr Haushaltsbudget besser so planen, dass sich ein haltbares und reparierbares Gerät ausgeht, zweitens können Sie sich genau überlegen, was Ihre Bedürfnisse sind, und was Ihr Gerät wirklich können muss. Dabei finden Sie dann vielleicht heraus, dass Sie gar keine Waschmaschine mit Monstertrommel und 1.600 Schleuderumdrehungen pro Minute brauchen, sondern bloß ein Drei-Kilo-Gerät mit 1.200 Umdrehungen, weil Sie ohnedies keinen Trockner haben und es deshalb gar nicht darauf ankommt. Die 1.600 Umdrehungen würden nur der Wäsche schaden und sie wäre hinterher etwas verknitterter, was Ihnen die Arbeit beim Bügeln erschweren würde.

Wenn Sie sich einen neuen Fernseher kaufen, gehen Sie vielleicht auch nicht in die klassische Impulskauf-Falle für solche Gelegenheiten, wenn Sie sich mehr Zeit nehmen. Diese Falle besteht darin, dass sich die meisten Besitzer kaputt gegangener Geräte schnell das ungefähr gleiche Modell wieder kaufen, um zwei Wochen später herauszufinden, dass Sie eigentlich gerne einen größeren, kleineren oder einen 3D-Fernseher gehabt hätten.

Übrigens ist es auch eine interessante Lebenserfahrung, einmal drei Wochen lang ohne Fernseher, oder – ich traue es mich ja kaum zu sagen – ohne Handy auszukommen.

ZWEI. *Lassen Sie sich nicht von Lämpchen blenden.* Wir sind im Grunde unseres Herzens alle Kinder geblieben, freuen uns deshalb über bunte und blinkende Lämpchen, und leben unseren Spieltrieb gerne mit den Programmen eines Geschirrspülers aus. Das eine Problem daran ist, dass die Elektro-Multis das wissen und nutzen, das andere ist, dass wir auch in einem anderen Punkt Kinder geblieben sind: Ein Spielzeug wird ziemlich rasch langweilig, und schon nach wenigen Wochen interessiert uns das Leuchten und Blinken des Gerätes gar nicht mehr, weil wir zurück in unserer Routine sind und ohnedies nur immer die gleichen Programme einstellen.

Lassen Sie sich also nicht blenden. Es gibt zum Beispiel Staubsauger, bei denen kleine Lichtchen angeblich anzeigen, wie viel Staub wir gerade einsaugen. Leuchtet das Lichtchen rot, sollen wir weiter saugen, leuchtet es grün, können wir nach Meinung des Staubsaugers beziehungsweise seines Designers an einer anderen Stelle weitermachen oder das Gerät in den Schrank stellen.

Überlegen Sie einmal: Brauchen Sie das ernsthaft? Glauben Sie ernsthaft, dass die Lichtchen verlässliche Werte anzeigen? Trauen Sie sich ernsthaft nicht zu, dass Sie das selbst nicht ebenso gut oder sogar besser beurteilen können? Ist Ihnen dieser Schnickschnack wert, dass in Ihrem Staubsauger diese Lämpchen samt einem Gehäuse für zwei Batterien eingebaut sind, also eine weitere mögliche Bruchstelle? Und würden Sie sich dann nicht doch ärgern, wenn die Lämpchen nicht mehr funktionieren, obwohl Sie ohnedies sinnlos sind?

Sie müssen sich ihre Antworten darauf selbst geben. Meine kennen Sie ja.

DREI. *Achten Sie auf Reparierbarkeit.* Wenn Sie in dem Geschäft Ihrer Wahl nach Lebensdauer und Reparierbarkeit fragen, erfahren Sie die Dinge, die Sie wissen wollen, nicht wirklich. Die Verkäufer sagen höchstens: »Das ist eine *Miele*-Waschmaschine, die hält schon eine Weile.« Ob sich die Räder eines Staubsaugers tauschen lassen und ob, wenn ja, der Hersteller Ersatzräder auf Lager hätte, wissen sie bestimmt nicht.

Am ehesten erfahren Sie etwas über die Langlebigkeit und Reparierbarkeit wenn Sie nach der Ersatzteilverfügbarkeit fragen. Wenn der Verkäufer die Frage »Wie lange sind die Ersatzteile erhältlich?« nicht beantworten kann, lassen Sie den Filialleiter kommen oder gehen sie gleich in ein anderes Geschäft.

Sie haben aber eine einfache Möglichkeit, sich selbst zumindest einen Eindruck davon zu verschaffen. Sehen Sie nach, ob Sie an dem Gerät Schrauben oder andere Verschlüsse finden, mit denen es sich öffnen und auch wieder schließen lässt. Das weist darauf hin, dass sich das Gerät reparieren lässt, und wenn es sich reparieren lässt, ist es meist auch für eine längere Lebensdauer konzipiert.

Bei der Gelegenheit können Sie auch überprüfen, ob sich die Akkus tauschen lassen. Da können Ihnen vielleicht sogar die Verkäufer helfen.

VIER. *Kopieren Sie die Rechnung.* Nach eineinhalb Jahren ist das Gerät kaputt und Sie sind ganz glücklich, weil Sie zwei Jahre Garantie haben. Sie gehören sogar zu den Menschen, die Rechnungen aufbewahren und sich auch noch dazu merken, wo Sie diese finden. Trotzdem wird es nichts mit der kostenlosen Reparatur des Teils. Denn Sie können Ihre Rechnung vielleicht noch vorlegen, aber dank Thermopapier steht nichts Lesbares mehr darauf. Legen Sie also die Rechnung, gleich wenn Sie heimkommen, auf die Glasplatte Ihres Druckers und drücken Sie die Taste für Kopieren. Die Thermo-Rechnung können Sie wegwerfen.

FÜNF. *Kaufen Sie gebraucht.* Es ist günstiger, Sie schonen Ressourcen und früher war alles besser in Sachen Lebensdauer und Reparieren. Mal ganz ehrlich: bei welchem Staubsauger freuen Sie sich drei Jahre nach dem Kauf mehr? Wenn er inzwischen durchgebrannte Lämpchen zur Kontrolle der aktuell angesaugten Staubmenge hat, oder wenn Sie sich denken: Den habe ich vor drei Jahren ganz billig gekauft, damit einen Beitrag zum globalen ökologischen Gleichgewicht geleistet, der mindestens so groß ist, als hätte ich einen Baum gepflanzt, und jetzt funktioniert er immer noch einwandfrei?

Weil ich Ihnen eingangs von meinem privaten Geschirrspüler erzählt habe, will ich Ihnen zum Abschluss von meiner privaten Waschmaschine erzählen. Es handelt sich um eine *Miele*, die vor genau 16 Jahren jemand unserem *Reparatur- und Servicezentrum* gespendet hat, um sich selbst eine neue zu kaufen. Sie war damals schon 19 Jahre alt, was bedeutet, dass sie jetzt seit 35 Jahren läuft. Manchmal denke ich über den noblen Spender nach. Ich frage mich, wie viele neue Geräte er sich in der Zwischenzeit schon kaufen musste.

Ich freue mich jedes Mal, wenn ich sie sehe. Noch mehr freue ich mich, wenn ich sie einmal pro Woche einschalte, um meine Wäsche darin zu waschen. Meine Frau freut sich weniger, wenn ich nach jedem ihrer Waschgänge den Wasserzulauf zudrehe. Unsere *Miele* hat noch keinen Aquastop. Ein Aquastop (auch Wasserstopp genannt) ist ein Sicherheitsmechanismus, um bei Defekten in einem wasserführenden System die Wasserzufuhr zur Verhinderung von Überschwemmungen zu unterbrechen. Bei der angewandten Technik handelt es sich um ein in die Schlauchkupplung integriertes Absperrventil. Doch das nehme ich gerne in Kauf.

Was der Elektroschrott mit unserem Planeten macht

Der sogenannte »Overshoot-Day«, der »Welterschöpfungstag«, ist jener Tag im Kalender, an dem die Menschheit so viele Ressourcen verbraucht hat, wie der Planet in einem Jahr regenerieren kann. In den 1970er Jahren lag dieser Tag im Dezember. 2016 war er am 8. August, also ganze vier Monate früher. Der globale Ressourcenverbrauch hat sich in den vergangen dreißig Jahren verdoppelt. Die Menge an Elektroschrott, der jährlich alleine in der Europäischen Union anfällt, hat sich im gleichen Zeitraum sogar vervierfacht.

Elektroaltgeräte bilden den am schnellsten wachsenden Abfallstrom. Die Österreicher und Deutschen kaufen im Durchschnitt mehr als ein Elektrogerät im Jahr, Babys und Pflegefälle eingerechnet. Das sind in Österreich also 10 Millionen Geräte. Die darunter befindlichen Haushaltsgroßgeräte ergäben aneinandergereiht eine Kette von Wien bis Straßburg. Sie wäre 840 Kilometer lang. Mit den Haushaltsgroßgeräten, die Deutsche jährlich kaufen, ließe sich eine 8.000 Kilometer lange Reihe bilden. Das ist gut dreimal die Strecke von Hamburg nach Athen.

Die Waschmaschinen, Geschirrspüler und Kühlschränke, die EU-Bürger in einem Jahr kaufen, würden aneinandergereiht einmal rund um die Erde reichen.

Die im Zuge dieses Kaufrausches ausgemusterten Geräte sind die Ursache für ökologische und soziale Katastrophen. In Ghana etwa versucht der engagierte Journalist Mike Anane seit Jahren, die Öffentlichkeit auf eine Elektroschrott-Deponie aufmerksam zu machen, die ein ganzes Tal verwüstet und Menschen krank macht.

Um überleben zu können, trennen die Menschen auf dieser und ähnlichen Deponien den Müll mit ungeeigneten Mitteln, was zur Verseuchung des Bodens und der Luft und damit zu gesundheitlichen Schäden für sie führt. Mit primitiven Säurebädern extrahieren sie das Gold aus den Platinen und lassen den Großteil der Säure anschließend im Boden versickern. Kinder, manche erst sechs oder sieben Jahre alt, brennen zum Beispiel die Plastikummantelung von Kupferkabeln ab, um an das kostbare Metall zu kommen. Dabei atmen sie giftige, chlorhaltige Rauchschwaden ein. Menschen, die auf diesen Deponien arbeiten, haben eine Lebenserwartung von etwa 35 Jahren.

Es gibt zwar gesetzliche Regelungen, die den Export von Elektroschrott verbieten, wenn im Zielland keine sachgemäße Verarbeitung garantiert ist, doch die Umsetzung dieser Regelungen erfolgt schlecht oder gar nicht. Laut einer Studie der internationalen kriminalpolizeilichen Organisation *Interpol* verschwinden jährlich 1,5 Millionen Tonnen Elektroschrott einfach. Kriminelle Metallhändler exportieren ihn illegal in Länder wie eben Ghana, Indien oder China. Selbst wenn wir die moralischen Dimensionen dieses Geschehens außer Acht lassen, können wir nicht die Augen davor verschließen. Denn durch die Nahrungsmittelkette, beispielsweise durch Fische, kommen die Gifte in die sogenannte Erste Welt zurück. Aus den Augen aus dem Sinn, und von dort zurück in den Magen.

Jeder Mensch, der ein Gerät reparieren lässt und weiterverwendet, statt ein neues zu kaufen, tut etwas gegen diesen Irrsinn. Ein Elektrogerät weiterzuverwenden oder wenn das nicht mehr geht, ein gebrauchtes zu kaufen, gehört damit zu den ökologisch und sozial wertvollsten Entscheidungen, die ein Mensch treffen kann.

Allmählich sieht auch die Politik ein, dass es nicht wie bisher weitergehen kann. Deshalb konnte der *europäische Dachverband der Re-Use- und Reparaturbetriebe*, dem ich angehöre, bereits Änderungen der EU-Abfallgesetzgebung erwirken. So müssen Betreiber von kommunalen Abfallsammelstellen in Österreich jetzt für deren Vorbereitung zur Wiederverwendung (Re-Use) sorgen. Sie müssen einen in der Elektroaltgeräteverordnung nicht näher bestimmten Prozentsatz der bei ihnen abgegebenen Elektroaltgeräte, getrennt vom sonstigen Elektroschrott, entgegennehmen, um sie neuerlichen Nutzungszyklen zuzuführen.

Für uns Konsumenten gibt es fünf Möglichkeiten, mit kaputten Elektrogeräten, umzugehen. Drei davon sind schlecht, zwei sind gut.

EINS. *Die Entsorgung über eine herkömmliche Mülldeponie.* Das ist die allerschlechteste Art. Dabei kommen Elektrokleingeräte mit ihren Batterien und festverbauten Akkus zusammen mit weggeworfenen Lebensmitteln und all dem anderen Restmüll auf eine mehr oder weniger abgesicherte Deponie. Wegen fehlender Abdichtungen in vielen derartigen Deponien sickern giftige Stoffe in den Boden und ins Grundwasser und gelangen über Bäche und Flüsse bis ins Meer.

Dennoch ist diese Praxis auch in Europa heute noch verbreitet. Ich habe auf einer griechischen Insel selbst gesehen, wie Elektroschrott samt dem ganzen übrigen Abfall in unzugänglichen Tälern landet. Ein bis zweimal im Jahr brennt der ganze Haufen ab, und dann weiß nie jemand so genau, ob ihn die Sonne, etwa durch eine Glasscherbe, entzündet hat, oder ob jemand den Brand vorsätzlich gelegt hat. Ich kenne den Bürgermeister der Insel. Eines Tages fragte ich ihn nach den illegalen Deponien. »Das war bei uns schon immer so«, sagte er.

Selbst, wenn wir unsere ausgemusterten Geräte nicht mit dem Restmüll entsorgen, sondern zum Elektroschrott bringen, können wir nie sicher sein, wo sie landen.

In jenem Tal in Ghana, in dem der Aufdecker Mike Anane als Kind noch in einer weitgehend unberührten Natur herumtollte, steigen heute schwarze Wolken in den Himmel. Der beißende Gestank der Säurebäder ist allgegenwärtig und der Boden ist übersät mit Glas- und Plastiksplittern. Unaufhörlich legen Schiffe an, die Container um Container voller Elektroschrott entladen.

Dabei gehen die Organisatoren des Ganzen, kriminelle Metallhändler, geschickt vor. Sie geben vor, funktionstüchtige Altware nach Afrika zu exportieren, was ja auch eine vernünftige Idee wäre. Wenn Computer, die wir ausgemustert haben, dort Kindern in einer Schule helfen, ist das eine feine Sache. Doch solche Händler stellen nur ganz vorne in ihren Containern zwei Reihen solcher Computer auf. Der Rest ist Schrott, der die Kriterien für solche Exporte nicht erfüllt.

Weil sich große Entsorgungsbetriebe solche undurchsichtigen Praktiken ihres guten Rufes wegen nicht leisten können, sind diese »Müllionäre« meist unauffällige kleine Händler. Die Folgen ihrer Geschäftspraktiken für Mensch und Natur sind ihnen egal. Sie agieren skrupellos und verdienen gleich doppelt. Sie kassieren das Geld für die Abfallentsorgung und machen beim Verkauf des Schrotts Gewinne. Schließlich enthält der unter anderem mehr Gold als so manche Mine.

ZWEI. *Verbrennung.* Obwohl Österreich und Deutschland gut in Mülltrennung sind, landen auch hier viele Elektrokleingeräte im Restmüll. Wer fährt schon wegen eines kaputten Handrührgerätes zur womöglich entlegenen Sammelstelle?

Der Restmüll wird in der Regel verbrannt. Zumindest ist das im deutschsprachigen Raum die meistgenutzte Methode der Abfallbehandlung. Verbrannte Elektrogeräte richten zwar keinen Schaden mehr an, weil ihre Inhaltsstoffe nicht mehr chemisch reagieren können, doch so gehen wichtige Rohstoffe verloren.

DREI. *Recycling.* Beim werkstofflichen Recycling geht es darum, die wertvollen Stoffe aus den Altgeräten herauszuholen, um sie erneut verwenden zu können. Es gibt seriöse Firmen, die sich auf das ordnungsgemäße Recycling von Abfallprodukten spezialisiert haben.

Doch auch das Recycling ist kein perfektes Verfahren. Denn der Recycling-Prozess bedeutet viel Aufwand. Die Stoffe müssen getrennt gesammelt, transportiert, gelagert und entsprechend behandelt werden. Die dabei entstehenden Sekundär-Rohstoffe sind trotzdem nie so rein wie der Primär-Rohstoff. Durch den hohen Aufwand sind zudem die Sekundär-Rohstoffe oft teurer als Primär-Rohstoffe, die unter widrigsten Bedingungen in Entwicklungsländern abgebaut werden. Die Politik muss hier mit höheren Abgaben für Primär-Rohstoffe eingreifen, um das Recycling lohnenswert zu machen.

»Recycling«, wörtlich »Zurückführen in den Kreislauf«, klingt, als würde dabei dasselbe Material auf die immer selbe Art und ohne Wertverlust wiederverwendet. Wenn wir aber beim Neukauf eines Elektrogerätes unser Gewissen damit erleichtern wollen, dass die Recyclingwirtschaft schon alles in Ordnung bringen wird, irren wir. Ohne laufende Zufuhr von Primär-Rohstoffen würde das Recycling nicht funktionieren.

Es ist wie beim Papier. Bei jedem Recyclingprozess werden dessen Fasern kürzer. Das Papier wird dadurch dunkler und weniger reißfest. Am Ende kommt dabei ein Papier heraus, durch das die Weintrauben am Grünmarkt gleich durchfallen, wenn sie nur ein bisschen feucht sind. In der Praxis ist Recycling schlichtes »Downcycling«.

Auch Glas und Metalle lassen sich nicht endlos recyceln. Beim Glas zeigt sich das »Downcycling« etwa durch den grünen Stich, den dann selbst Weißglas-*Cola*-Flaschen haben, wie ich es im Griechenlandurlaub einmal erlebt habe. Genauso werden Metalle mit jedem Mal Recyceln unreiner und dadurch qualitativ schlechter. Ohne erneute Zufuhr von Primär-Rohstoffen wären auf Dauer weder Altmetalle noch Altglas für die Produktion zu gebrauchen.

Auch die Hoffnung auf das »Upcycling« beim Entsorgen ist trügerisch. Dabei entstehen zum Beispiel Lampen aus alten Verkehrsampeln oder Modeschmuck aus Kleinteilen. In unserem Verkaufsraum stehen dekorative Stehtische aus alten Waschmaschinentrommeln. Doch »Upcycling« ist ein Minderheitenprogramm, das bei der Beseitigung der Berge an Elektroschrott keine Rolle spielt.

Recycling scheitert oft auch schlicht daran, dass die Hersteller der Geräte keine Rücksicht auf die Bedürfnisse der Recycler nehmen. Zum Beispiel gibt es bei Seltenen Erden, wenn sie einmal in einem Gerät verarbeitet sind, meist keine Möglichkeit, sie wiederzugewinnen.

Seltene Erden umfassen 17 verschiedene Elemente. Manche von ihnen kommen etwa bei Touchscreens zum Einsatz. Gerade hier ist der Bedarf in den vergangenen zehn Jahren massiv gestiegen. Die Hersteller tragen sie sehr sparsam auf, was gut ist, weil sie so Rohstoffe sparen. Genau das macht es aber im Recyclingprozess fast unmöglich, die Seltenen Erden wieder von den anderen Materialien zu trennen. Nicht einmal die fortschrittlichsten Recyclingfirmen der Welt, wie etwa das belgische Unternehmen *Umicore*, haben bisher geeignete Verfahren zur Wiedergewinnung der Seltenen Erden entwickelt.

Auch hier wären ordnungspolitische Maßnahmen notwendig. Die Politik müsste die Konstruktion und den Verkauf von Elektrogeräten so regeln, dass sich nicht nachwachsende Ressourcen wie Seltene Erden zu einem möglichst hohen Anteil wiedergewinnen lassen. Geräte, die dieser Regel nicht entsprechen, dürfen nicht für den Verkauf zugelassen werden.

VIER. *Wiederverwendung*. Wiederverwendung, auch Re-Use genannt, ist die zweitbeste Möglichkeit, mit Elektroschrott umzugehen, und ein wesentlicher Teil unseres Geschäftsmodells im *Reparatur- und Servicezentrum*. Ein Beispiel: Ein Kunde will sich einer alten *Miele*-Waschmaschine entledigen, lässt sie aber nicht vom Lieferanten des Neugerätes mitnehmen und bringt sie auch nicht zur kommunalen Sammelstelle, sondern zu uns. Wir machen eine Sichtprüfung und einen Funktionstest, reparieren sie und machen einen weiteren Funktionstest. Abschließend muss die Maschine noch einen Sicherheitstest bestehen. Danach verkaufen wir sie. Womit der Spender, wir und der Käufer einen Zentner Elektroschrott vermieden haben.

Bloß hat die Sache einen Haken. Meine Mitarbeiter kosten mich wie jeden Unternehmer doppelt so viel, wie ich ihnen monatlich überweise. Verkaufen wir diese Waschmaschine also um weniger als 300 Euro, machen wir Verluste. Daher kosten solche Waschmaschinen bei uns zwischen 300 und 500 Euro. Damit liegt für unsere Kunden die Hürde angesichts der Preise für Billiggeräte schon ziemlich hoch.

Zudem können wir nur Geräte bestimmter Hersteller für die Wiederverwendung aufbereiten, und mit jedem Jahr wird es schwieriger. Weil es so absurd ist, sei es noch einmal erwähnt: Ältere Waschmaschinen lassen sich eher wiederverwenden als neue.

Wenn wir zum Beispiel eine jüngere Waschmaschine der Marke *Indesit* bekommen, geht sie unbesehen weiter in den Elektroschrott-Container. Wir, als geübte Reparaturtechniker, nennen die Marke »In the shit«.

Wir beschränken uns auf *Miele, Bosch, Siemens* und einige Modelle von *Eudora*. So eine rundum erneuerte Waschmaschine läuft noch mindestens zehn Jahre ohne Probleme, im Gegensatz zu einer fabrikneuen Billigwaschmaschine um das gleiche Geld.

FÜNF. *Weiterverwenden.* Die beste Art des Umgangs mit Abfällen besteht darin, den Abfall gar nicht erst entstehen zu lassen. Im Unterschied zur Wiederverwendung (Re-Use) geben die Besitzer ihr Gerät dabei gar nicht aus der Hand. Sie lassen es reparieren, verwenden es weiter, und fertig.

Die Hauptaufgabe der Politik bei der Vermeidung des Wegwerfwahnsinns und seiner Folgen für Mensch und Natur besteht darin, Reparaturen zu begünstigen. Es darf nicht billiger sein, ein neues Gerät zu kaufen, als das alte zu reparieren.

Trotz der vielen Missstände bei unserem Umgang mit Elektroschrott gibt es Hoffnung. Sie trägt den Namen »Circular Economy« und steht im Gegensatz zum aktuellen linearen Modell, der »Take-Make-Dispose«-Economy (nehmen, produzieren, entsorgen).

Die »Circular Economy« soll unseren Umgang mit den endlichen Rohstoffen unseres Planeten grundlegend verändern. Doch was genau verbirgt sich hinter diesem Namen?

Jedes Grundschulkind versteht, dass es auf einem Planeten mit endlichen Ressourcen kein endloses Wachstum geben kann. Das wirtschaftliche Wachstum stößt also früher oder später an seine Grenzen. Ohne ein wesentliches Umdenken, was wirtschaftliche Prozesse angeht, erreicht es diese Grenzen eher früher als später. So weit, so klar.

Das Konzept der »Circular Economy« hat nun das Ziel, Rohstoffe so lange wie möglich im Wirtschaftskreislauf zu halten. Dabei soll idealerweise so gut wie kein Abfall entstehen und die Zufuhr von Primär-Rohstoffen auf einen Bruchteil des jetzigen Bedarfes sinken.

Im Zentrum dieses Konzeptes, das die EU-Kommission im Dezember 2015 präsentiert hat, stehen langlebige Produkte, reparaturfreundliches Design und Normierungen, die eine Wiederverwendung erleichtern.

Ich bin als Nominierter des österreichischen Umweltministeriums Mitglied einer europäischen Arbeitsgruppe, die an den Grundlagen der »Circular Economy« arbeitet. In diese ehrenvolle Position kam ich, weil wir in unserem *Reparatur- und Servicezentrum* eine Norm maßgeblich mitentwickelt haben, die Langlebigkeit und Reparierbarkeit von Elektrogeräten messbar macht.

Diese Norm spielt in der Arbeitsgruppe eine wichtige Rolle. Wir tauften sie »Gütezeichen für langlebige, reparaturfreundlich konstruierte elektrische und elektronische Geräte«, ihr technischer Name lautet »ONR 192102:2014«. Durch diese Arbeitsgruppe hat sie die Chance, EU-weite Geltung zu erlangen.

Elektrogeräte müssen bestimmte Voraussetzungen erfüllen, um ihr zu entsprechen. Hier drei Beispiele dafür:

Beispiel eins. Elektrogeräte müssen sich leicht öffnen lassen. Elektrische Zahnbürsten, deren Gehäuse verklebt sind, erfüllen dieses Kriterium nicht. Gehäuse, die mit einem Schraubenzieher leicht zu öffnen sind, erfüllen sie hingegen schon.

Beispiel zwei. Elektrogeräte müssen über eine modulare Bauweise verfügen. So hängen bei billigen Stereoanlagen CD-Player, Tuner, Verstärker und andere Komponenten manchmal an der gleichen Platine. Das bereitet beim Reparieren Probleme.

Beispiel drei. Die Norm verlangt bei Waschmaschinen eine Mindestlebensdauer von zehn Jahren. Geht nicht? Vor fünfzig Jahren ging es, kann ich da nur sagen. Da wurde jene Waschmaschine gebaut, die bei uns im Shop einen Ehrenplatz erhalten hat, weil sie fünfzig Jahre störungsfrei ihren Dienst versehen hat.

Soll die »Circular Economy« funktionieren, brauchen Elektrogeräte auch standardisierte Bauteile. Bei Waschmaschinen wären beispielsweise standardisierte Ablaufpumpen oder Einlassventile ein Beitrag zur Reparaturfreundlichkeit. Obwohl es immer um die genau gleichen Funktionen geht und sich die Produkte qualitativ in diesen Punkten nicht unterscheiden, gibt es tausende unterschiedliche Teile. Ein Techniker müsste mit einem Sattelschlepper bei jedem Kunden vorfahren, um alle Ersatzteile dabei haben zu können.

Dass Vereinheitlichung geht, zeigen die Ladegeräte der Mobiltelefone. Gab es früher hunderte unterschiedliche Modelle, funktionieren sie jetzt teilweise modell- und markenübergreifend. Zudem müssen in einer funktionierenden »Circular Economy« detaillierte Produktbeschreibungen im Internet abrufbar sein. Während früher jeder unabhängige Reparaturdienstleister direkt bei den Waschmaschinenherstellern die Schaltpläne, Explosionszeichnungen und den Telefonsupport für Reparaturtechniker erhalten konnte, verweigern ihnen die Hersteller heute Servicedokumentationen, Telefonsupport und Softwarezugänge. Die Diagnoseprogramme, mit denen sich Hersteller das Monopol auf die Reparatur sichern, beziehungsweise selbst bestimmen können, wer sie reparieren darf und wer nicht, müssen frei zugänglich sein.

2019 soll die Arbeitsgruppe mit den Grundlagen der »Circular Economy« fertig sein. Das Ziel dabei ist, am europäischen Markt nur noch Produkte zum Verkauf zuzulassen, die der neuentwickelten Norm entsprechen.

Die Lobbyisten der Industrie, die in der Gruppe ebenfalls vertreten sind, werden das nach Kräften zu verhindern versuchen. Sie werden mit Arbeitsplätzen argumentieren, mit Standortswechsel drohen, aber die Umsetzung des ehrgeizigen »Circular Economy«-Plans hat längst begonnen.

Denn der Druck ist groß. Neben namhaften NGOs haben auch das Parlament, der Wirtschafts- und Sozialausschuss sowie der Ausschuss der Regionen der EU positive Stellungnahmen zu dem Vorhaben abgegeben. Vor Kurzem bekannte sich sogar der *Europäische Rat* dazu.

Die EU-Institutionen wissen, dass sie dringend Erfolge beim Eindämmen des Elektromülls vorweisen müssen, egal wie. Die Beweggründe der *EU-Kommission,* die »Circular Economy« voranzutreiben, sind freilich nicht so menschen- und umweltfreundlich, wie es auf den ersten Blick scheint. Auch hier geht es um Wirtschaft.

Die EU ist nach wie vor der größte Wirtschaftsraum der Welt. Dieser Wirtschaftsraum ist aber wie kein anderer von Rohstoffimporten abhängig. Die meisten kritischen Rohstoffe kommen unter fragwürdigen Umständen aus politisch instabilen Ländern. Im Grunde dürfte es der EU also um die

Unabhängigkeit von diesen Herkunftsländern gehen. Die »Circular Economy« lässt sich auch als unsere einzige Möglichkeit betrachten, unserem Wachstumsfetisch noch eine Weile zu frönen. Zurzeit ist sie der einzige Vorschlag dafür, wie unsere Wirtschaft wachsen kann, ohne dass der Abbau von Ressourcen noch weiter zunimmt.

Wollen wir unseren Nachfahren noch etwas von den Schätzen dieser Welt überlassen, müssen wir uns allerdings auch auf einer anderen Ebene weiterentwickeln. Wir müssen unseren Verbrauch drosseln. Die Frage, die sich dabei stellt, lautet: Wie kommen wir mit weniger aus?

Das tun wir, indem wir darüber nachdenken, worum es uns im Leben wirklich geht. Sind Statussymbole ernsthaft das Wichtigste für uns? Geht es uns ernsthaft darum, Besitz anzuhäufen, um in unserem sozialen Umfeld Anerkennung zu finden? Oder geht es uns doch darum, immaterielle Werte zu schaffen und mehr Zeit für unsere Beziehungen zu haben?

Auch in diesem Punkt gibt es Hoffnung. Denn in bestimmten Bevölkerungsschichten findet bereits ein Umdenken statt. Die junge, urbane Bevölkerung tut sich zum Beispiel ein eigenes Auto gar nicht mehr an. Sie entscheidet sich lieber für Carsharing oder nimmt die öffentlichen Verkehrsmittel. Wer von einem schweren SUV träumt, sollte besser ein bisschen Geld in gute Psychotherapie investieren. Auch das erhöht das schwach ausgeprägte Selbstbewusstsein, verbraucht aber keine Ressourcen und erzeugt keine Abfälle. Statussymbole ändern sich auch bereits.

In einer Gesellschaft, in der es zum guten Ton gehört, nachhaltig zu wirtschaften, ist in Wirklichkeit eine 30 Jahre alte Waschmaschine das bessere Statussymbol, als ein Billig-»Christbaum« aus der Weißwarenabteilung des Elektro-Diskonters.

Zum Abschluss noch ein Wort zu jenen, die in diesem Buch die Rolle der Bösen innehatten, also zu den Managern der Elektro-Multis und der Elektro-Ketten. Sie tragen gleichsam in leitender Position zur Ressourcenverschwendung bei. Doch es ist natürlich nicht allein ihre Schuld. Sie sind lediglich wesentliche Erfüllungsgehilfen eines falschen Systems. Viele von ihnen sind selbst im Zwiespalt.

Ich habe einen dieser Manager mehrmals getroffen und bald festgestellt, dass er im Grunde das gleiche will wie ich. Er hat zwei Kinder und will ihnen und seinen Enkeln eine schöne Welt voller Möglichkeiten hinterlassen, keine ausgebeutete Einöde. Doch sobald er sein Büro betritt, hat er andere Prioritäten. Dann zählen für ihn nur noch Umsatz und Profit.

Die meisten Manager großer Unternehmen aller Branchen befinden sich in diesem Zwiespalt, davon bin ich überzeugt. Bloß, was sollen sie tun? Sie unterschreiben Verträge, in denen sie sich zur Erhöhung des Unternehmensumsatzes in Zeiträumen von zwei, drei oder vier Jahren verpflichten. Dieses Ziel müssen sie auf einem gesättigten Markt erreichen. Wie soll das gehen? Zum Beispiel, indem sie Produkte erfinden, die kein Mensch braucht und die trotzdem alle haben wollen.

In der Lebensmittelbranche gehören verdauungsfördernde Joghurt-Drinks, die laufend mit Konsumentenschutzagenturen zu kämpfen haben, weil sie ihre Wirkung nicht nachweisen können, in diese Kategorie. Und wer würde Red Bull vermissen, wenn es nicht ein ehemaliger Zahnpasta-Manager auf den Markt gebracht hätte? Als Österreicher darf ich das fragen.

Bei den Elektrogeräten wurde das »Tamagotchi« für mich zum Symbol für sinnlosen Kram, den niemand braucht und der trotzdem die Ressourcen des Planeten verschwendet.

Doch wer hat schon jeden Tag so eine, aus Sicht der Hersteller wohl geniale, Tamagotchi-Idee? Aus dem Ärmel schütteln, lässt sie sich nicht. Die Verkürzung der Produktnutzungsdauer und all die anderen miesen Tricks, die ich in diesem Buch beschrieben habe, sind da ein zuverlässigeres und immer problemlos anwendbares Mittel, den Kapitalismus am Leben zu erhalten. In diesem Sinn: Viel Spaß in Ihrem neuen Leben als intelligenter Konsument!

1 Too muc
waste!

Danksagung

Ich bin dankbar dafür, dass ich es mir in »meiner Welt« leisten kann, über den Tellerrand hinauszuschauen. Die Mehrheit der Menschen auf diesem Planeten lebt von der Hand in den Mund. Begrenztheit von nichtregenerativen Rohstoffen ist für die Schwächsten in unserer globalisierten Marktwirtschaft kein Thema, aber sie sind die, die am meisten darunter leiden, wenn wir so weitermachen, wie bisher.

Martina Leibovici-Mühlberger

WENN DIE TYRANNEN KINDER ERWACHSEN WERDEN

WARUM WIR NICHT AUF
DIE NÄCHSTE GENERATION
ZÄHLEN KÖNNEN

edition a

Martina Leibovici-Mühlberger
Wenn die Tyrannenkinder erwachsen werden

Übergewichtig und essgestört, chillbewusst und leistungsverweigernd, verhaltensoriginell, tyrannisch und voll Widerstand. So präsentieren sich immer mehr Kinder. Wir sind selbst daran schuld, denn wir haben sie dazu gemacht. Doch wie werden diese Kinder als Erwachsene eine hochkomplexe Zukunft gestalten? Das Ergebnis könnte grausam ausfallen, denn die Alten werden auf diese junge Generation nicht mehr zählen können.

ISBN 978-3-990011-38-6
160 Seiten, EUR 21,90